CASAMENTO
MISSÃO IMPOSSÍVEL?

SÓ PARA MULHERES

Pr. Roberto Caputo

CASAMENTO
MISSÃO IMPOSSÍVEL?

SÓ PARA MULHERES

Ágape
AMOR INCONDICIONAL

São Paulo 2011

Copyright © 2011 by Pr. Roberto Caputo

PRODUÇÃO EDITORIAL	Equipe Ágape
DIAGRAMAÇÃO	Claudio Tito Braghini Junior
ILUSTRAÇÕES	Fábio Monteiro
CAPA	Adriano de Souza
REVISÃO DE TEXTO	Vânia Faria Caputo
	Caterine Velleca Bernardi

Texto de acordo com as normas do Novo Acordo Ortográfico da Língua Portuguesa (Decreto Legislativo nº 54, de 1995)

Dados Internacionais de Catalogação na Publicação (CIP)
(Câmara Brasileira do Livro, SP, Brasil)

Caputo, Roberto
  Casamento: missão impossível só para mulheres / Roberto Caputo. -- -- São Paulo: Ágape, 2011.

  1. Casamento – Aspectos religiosos – Cristianismo 2. Esposas – Vida religiosa 3. Homem-mulher – Relacionamento – Aspecto religioso – Cristianismo I. Título

11-11507   CDD-248.8435

Índices para catálogo sistemático:

1. Mulheres: Casamento: Aspectos religiosos
    Cristianismo   248.8435

2011
Publicado com autorização. Nenhuma parte desta publicação pode ser reproduzida sem a devida autorização da Editora.
EDITORA ÁGAPE
Al. Araguaia, 2190 - 11º andar – Conj. 1112
CEP 06455-000 - Barueri - SP
Tel. (11) 3699-7107 Fax. (11) 2321-5099
www.editoraagape.com.br

DEDICATÓRIAS

À minha esposa, bênção na minha vida e ministério, que caminha sempre comigo a despeito de qualquer situação e que tem me apoiado integralmente. Suas palavras de sabedoria sempre me inspiram e seu amor me acalenta, e aos nossos filhos, que sempre torceram por mim e não medem esforços para me abençoar.

À Irmã Maria Ester, serva fiel, exemplo de testemunho e de fé, evangelista incansável e mãe incomparável.
Seu incentivo e palavras de ânimo me levaram a prosseguir mesmo em momentos de grande dor e desespero. Sua persistência em olhar apenas para as promessas de Deus e em confiar no Seu amor não me permitiu sequer cogitar em desistir no meio da caminhada. A ela o meu carinho, respeito, honra e amor.
À minha mãe.
(In memoriam)

AGRADECIMENTOS

Em primeiro lugar e sempre, a Deus por Sua inspiração, sem a qual nenhuma palavra sequer deste livro poderia ser escrita.

Em segundo lugar a uma pessoa a quem Deus tem usado para me abençoar neste novo ministério e abrir as portas para que eu possa alcançar o coração de muitos homens e mulheres. Ao meu amigo e irmão Kades.

Por último, porém, não menos importante, à minha amada esposa Vânia, que muito tem me ajudado nesta nova caminhada em meu ministério.

A Deus toda a Glória!!!

SUMÁRIO

Prefácio 11
Introdução 13

CAPÍTULO 1
Quem ele pensa que é? 15

CAPÍTULO 2
Polos iguais se repelem 27

CAPÍTULO 3
Comigo é assim... Se não me agradar... Jejum!!! 41

CAPÍTULO 4
Não acredito que ele viu todo aquele lixo e não jogou fora!!! 53

CAPÍTULO 5
Meu marido? Maravilhoso!!! Minha sogra?
Sem comentários!!! 63

CAPÍTULO 6
Sei que ele tem outra... Por quê? Olhe pra mim!!! Estou envelhecendo! 77

CAPÍTULO 7
O problema??? É apenas um... Eu ganho mais do que ele! 87

CAPÍTULO 8
Lá em casa a palavra final é sempre do meu marido: "Sim Querida!" 97

CAPÍTULO 9
O que eu mais gosto na vida? Ah... Do meu marido e do cartão de crédito dele... Claro!!! 105

CAPÍTULO 10
Será que o meu príncipe sempre foi um sapo? 115

CAPÍTULO 11
Meu marido é um homem muito espiritual... Mas eu não consigo ter a fé que ele tem. 123

CAPÍTULO 12
Acabou... Ele foi embora... Só ficamos eu e as crianças. 133
"Algumas Considerações" 157

CAPÍTULO BÔNUS
O quê??? Com certeza não!!! Eu não vou ficar pra titia!!! ... 159

PREFÁCIO

Quando Daniel disse a Nabucodonozor o seu sonho, ele assegurou que o rei havia sonhado com uma imensa estátua cuja cabeça era de fino ouro, o peito e os braços de prata, o ventre e os quadris de bronze, e as pernas eram de ferro. Os pés, porém, eram em parte de ferro e em parte de barro. Então uma pedra, cortada sem o auxílio de mãos humanas, veio e feriu a estátua nos pés de ferro e de barro, e tudo foi esmiuçado: ferro, barro, bronze, prata e ouro, os quais se fizeram como a palha, e o vento os levou e não deixaram vestígios.

Na interpretação que Deus dá ao profeta a mistura de barro com ferro representa um reino de força e fraqueza que será um dia esmiuçado, como a palha será levada pelo vento.

Essa rocha, que não é cortada por mãos de homem e que destrói toda a construção do poder humano, é Cristo.

Estamos vivendo um tempo como nos dias de Noé, e a humanidade mais e mais zomba dos princípios e valores familiares; o homem tem prazer em fazer o que Deus disse para não fazer.

A família criada por Deus, o qual, por si, efetuou o primeiro casamento, é o alvo do ataque frontal dos inimigos de Deus.

Nunca se viu tanta desvalorização da mulher. Exatamente quando as feministas gritam por igualdade. Parece que querem zombar do Criador.

Deus fala, sim! Ele fala hoje e levanta filhos, como o Pr. Roberto Caputo, para nos lembrar do valor e veracidade da aliança, para nos dizer que compromisso não depende de sentimentalismo.

Cristo é o construtor de um reino que um dia, no tempo certo, muito próximo, irá esmiuçar todo o poder dos reinos com cabeça de ouro e pés de ferro e barro.

O orgulho da nossa civilização nos impede de ver que nossos pés também são de barro. Todas as nações, todos os homens hão de se curvar, mas os princípios eternos de Deus, o valor da família, prevalecerão!

Por isso, creio que mais este livro fala do casamento como missão possível, quando homem e mulher veem que Deus não nos chamaria para fazer algo isoladamente, mas com Ele, sim!

Seremos um grupo perfeito, mulheres, filhas, segundo o Seu coração.

Miss. Edméia Williams

INTRODUÇÃO

DESDE LONGA DATA A relação entre a mulher e o homem no que tange a direitos e deveres é um tanto quanto conturbada.

Obviamente, cada um entende esta matéria do seu jeito e poucos são aqueles que estão dispostos a abrir mão dos seus argumentos e da sua razão.

Dentro do casamento essas divergências muitas vezes se agigantam em virtude da falta de entendimento acerca do que a palavra de Deus diz sobre o assunto.

Não são poucas as mulheres que se sentem esquecidas, desvalorizadas, não amadas e desprezadas em função das atitudes de seus maridos dentro e fora de casa.

Neste livro eu tento ajudar, de alguma forma, as mulheres a compreenderem esses seres, muitas vezes rudes, mas que em sua maioria são portadores de sentimentos verdadeiros e profundos por suas esposas.

Muitas vezes a expectativa da mulher não é alcançada simplesmente porque o marido não a conhece, ou seja, algumas das prioridades que a mulher tem passam despercebidas ao homem por ser da sua natureza não atentar para detalhes.

Tenho a plena convicção de que qualquer homem pode preencher com total satisfação, alegria e orgulho qualquer esposa, na medida em que ela saiba ajudá-lo a compreendê-la.

Portanto, minha amada leitora, não desanime, nem tudo está perdido. Dentro de você há uma mulher sábia que, ao compreender um pouco melhor quem é o seu marido, saberá transformar o seu casamento em algo incomparável e maravilhoso.

Que nesta leitura você possa entender na íntegra o que quer dizer o texto:

"A mulher sábia edifica a sua casa, mas a tola com as próprias mãos a destrói".

Provérbios 14:1

Não tenho dúvidas de que Deus irá te abençoar grandemente após esta leitura e que o seu casamento se tornará um lugar seguro e feliz.

Deus te abençoe.

O autor

CAPÍTULO 1

QUEM ELE PENSA QUE É?

CREIO QUE NÃO PODERIA iniciar este livro com outro capítulo que não o mesmo do primeiro livro, "CASAMENTO MISSÃO IMPOSSÍVEL - SÓ PARA HOMENS."

Se você parar para pensar no papel do homem apenas pelo prisma humano, é possível que você, mulher, se sinta um tanto quanto indignada pela postura opressora e injusta de alguns. É bem verdade que muitos maridos, por ignorância, adotam uma posição de governo e não de sacerdócio, de chefia e não de liderança, de coleguismo e não de amizade, mas, como eu disse, tudo isto advém do fato deles ignorarem o que Deus planejou para as suas vidas e para o seu, digamos, "ministério conjugal".

Por mais que se façam cursos pré-matrimoniais não é possível abranger neles todas as situações que um homem e uma mulher poderão viver dentro do casamento. Então, inevitavelmente, o complemento do curso se dá no dia a dia do casal.

A cada nova experiência, a cada novo momento e a cada novo problema que surge, temos a oportunidade de crescer e amadurecer o relacionamento com o nosso cônjuge e, principalmente, com Deus.

A Bíblia diz:

> E disse Deus: Façamos o homem à nossa imagem, conforme a nossa semelhança; e **domine sobre os peixes do mar, e sobre as aves dos céus, e sobre o gado, e sobre toda a terra**, e sobre todo o réptil que se move sobre a terra.
> (grifo do autor) Gênesis 1:26

Neste texto está bem claro que o homem foi criado por Deus para dominar sobre toda a terra.

Será que podemos afirmar que a mulher também está debaixo desse domínio? Com certeza sim.

Calma! Não fique zangada comigo, pois não sou eu quem afirma isso, mas a própria palavra de Deus.

> *E à mulher disse: Multiplicarei grandemente a tua dor, e a tua concepção; com dor darás à luz filhos; e o teu desejo será para o teu marido, e ele te dominará.* (grifo do autor) Gênesis 3:16

Mas não podemos esquecer que o propósito de Deus ao criar a mulher foi de criar uma *auxiliadora idônea*. Portanto, alegre-se, porque a história não termina no domínio masculino.

Deus já havia planejado algo muito maior para a pessoa da mulher dentro do contexto da humanidade e principalmente dentro do contexto conjugal.

"Quem ele pensa que é?"

Bom, eu creio que posso dizer que ele é apenas o resultado de tudo o que aprendeu a ser quando pequeno. Se lhe ensinaram que ao crescer ele precisaria se tornar o "super-homem" para ser feliz e bem-sucedido, então é isso que ele tentará ser, e, provavelmente, com insucesso. Mas perceba, foi o que passaram pra ele. Um dia alguém disse:

> *"Joãozinho, quando você crescer, você tem de ser igual ao super-homem para que o seu casamento seja um sucesso!"*

Saiba, porém, minha amada, que o Joãozinho, (provavelmente Joãozão hoje) vem fazendo todo o esforço com muita diligência e zelo, tentando, como "super-homem", tornar sua esposa maravilhosa, extremamente orgulhosa e feliz.

Muitos "Joãos" se empenham bastante para acertar, mas ao final de tanto esforço estão frustrados, deprimidos, arrasados e com seus casamentos destruídos, sem saber ao certo o que foi que fizeram de errado. Mas esse quadro de coisas pode mudar se sua esposa decidir participar mais intensamente na vida a dois.

Portanto, eu gostaria de compartilhar com você alguns princípios que poderão auxiliá-la nesta difícil tarefa.

> *Mas quero que saibais que Cristo é a cabeça de todo o homem, e o homem a cabeça da mulher; e Deus a cabeça de Cristo.*
> I Coríntios 11:3

Perceba o princípio espiritual que Deus nos ensina neste texto. O próprio Deus estabeleceu o homem como a cabeça da mulher, mas, por outro lado, o texto bíblico também diz que a cabeça do homem tem de ser Cristo. A questão é: e quando o homem ainda não tem a Cristo como cabeça da sua vida? Neste caso, e apenas neste caso eu posso concordar que o que ele pensa acerca de si mesmo certamente é um equívoco, pois ainda não conhece a vontade de Deus para a sua vida.

É bem verdade que muitos homens hoje, dentro e fora da igreja, têm uma postura arrogante e até mesmo opressora. Nós, homens, somos frutos de nossa infância e criação. Alguns que são filhos únicos, criados com muitos mimos e vontades, consequentemente, tornam-se homens que não aceitam um não como resposta. Pensam que o mundo gira em torno de si, e, portanto, entendem que suas esposas também estão dentro desse contexto, ou seja, de fazer-lhes todas as vontades.

Já há outros que foram criados de forma muito dura, com muitas exigências e castigos excessivos. Estes se tornam homens perfeccionistas. Pessoas que não admitem erros nem para si e nem para os outros. Você nunca consegue agradá-los totalmente, pois eles sempre conseguem ver alguma falha naquilo que você faz e refazem o que foi feito, pois entendem que podem fazer melhor. São pessoas extremamente exigentes que têm grande dificuldade em ser flexíveis.

Conheço um homem que, por ter tido um pai extremamente rigoroso na questão da organização, hoje é uma pessoa portadora de TOC (transtorno obsessivo compulsivo). Para ele, por exemplo, se o lugar de um copo for do lado esquerdo do açucareiro, então ele não pode aceitar, em hipótese nenhuma, que o mesmo esteja em outro lugar, como no escorredor de pratos, por exemplo, ou do lado direito do açucareiro. Ele enxugará o copo com um pano de prato e o colocará ao lado esquerdo do açucareiro, porém, certamente levará alguns minutos até que entenda que o copo está exatamente no lugar correto.

Seu relacionamento com a esposa foi seriamente abalado por causa desse distúrbio, o que mais tarde os levou a uma separação. Por mais que sua esposa limpasse a casa e a deixasse arrumada, ao chegar a casa ele sempre discutia com ela, pois não conseguia enxergar a casa arrumada e limpa. Em sua compulsão sempre conseguia ver sujeira e desarrumação.

Neste caso, sem dúvida nenhuma, ele necessita de ajuda profissional e talvez até precise de algum medicamento. Então, só um médico poderá avaliar isso.

Outros homens, por terem crescido em um lar completamente bagunçado e relaxado, consequentemente, tornam-se igualmente bagunceiros e relaxados.

Sabe o que faltou na sua educação? Prioridades. Enquanto crescia não lhe foi passado que viver em um lugar limpo, arrumado e organizado era prioritário. Havia um pensamento que dominava a mente de seus pais, o qual ele absorveu na íntegra, qual seja: *"Depois eu faço isto"*. Só que o depois nunca chegava e as coisas iam se acumulando cada vez mais, e os habitantes daquela casa iam se acostumando com a visão da desorganização e do caos completo, passando assim a ser este o padrão para eles. Muitas mulheres sofrem hoje com maridos que têm este perfil.

Há outro tipo que talvez incomode muito mais do que os anteriores. O homem que não tem higiene. Nunca lhe foi dito que lavar as mãos antes das refeições era importante, ou, que se deve tomar banho ao chegar em casa depois de um dia de trabalho, ou pior, que não se limpa o nariz com o dedo indicador na frente das pessoas, mas sim com um lenço de papel e, de preferência, em um lugar reservado.

Este tipo de homem é capaz de ir trabalhar com a mesma camisa dois, três dias consecutivos sem lavá-la, com uma simples justificativa: *"Mas eu não suei!!!"*

A escova de dente dele dura seis meses, pois quase não é usada.

Nem irei citar outras coisas que ele é capaz de fazer para não tornar este capítulo mais repugnante do que já está.

Ainda há outros tipos de homens que não abordei, como o preguiçoso, o mentiroso, o ansioso, o Sr. certinho, o garanhão e etc. Mas o que eu quero passar para você mulher, que talvez esteja casada com um deles, é que na verdade, em sua maioria, eles não têm consciência de quem são ou mesmo da herança que carregam consigo.

Fica então uma pergunta que desejo fazer:

> *"Você ainda ama este homem com quem está casada há tantos anos?"*

Se a sua resposta foi um sim, então ainda há esperança.

Somente um verdadeiro amor pode produzir mudanças na vida de uma pessoa. Assim é o amor de Deus por nós. Quero lembrar-lhe do que diz a palavra de Deus acerca disso;

> *O amor é sofredor, é benigno; o amor não é invejoso; o amor não trata com leviandade, não se ensoberbece. Não se porta com indecência, não busca os seus inte-*

> resses, não se irrita, não suspeita mal.
> Não folga com a injustiça, mas folga com a verdade.
> Tudo sofre, tudo crê, tudo espera, tudo suporta. O amor nunca falha.
>
> (grifo do autor) I Coríntios 13:4-8a

Muitas vezes eu deixo de perceber algo que não estou fazendo e que deveria, ou vice-versa, e então minha esposa se aproxima de mim, e de modo muito amoroso e discreto me chama a atenção sobre aquele determinado assunto. Eu dou graças a Deus pela esposa que Ele me deu, pois verdadeiramente ela tem sido a minha auxiliadora idônea como Deus prometeu ao homem.

O que motiva minha esposa a, com paciência, me ensinar e me dar uns "toques" de vez em quando, não tenho a menor dúvida, é o amor que sente por mim. Este amor faz com que ela veja que cada falha minha é uma possibilidade de crescimento.

Lembra daquele ditado famoso? *"Água mole em pedra dura tanto bate até que fura"*?

Por mais que o seu marido seja durão e, aparentemente, inflexível, ame-o e demonstre este amor cada vez mais, dia após dia, e o seu amor irá romper a dura casca do seu coração.

> *A mulher sábia edifica a sua casa, mas a tola com as próprias mãos a destrói.*
> Provérbios 14:1

"- Pelo amor de Deus pastor, não me fale neste texto. Todo mundo joga este verso na minha cara e diz que se o meu casamento está mal, a culpa é minha. Eu já não consigo nem mais ler essa parte da Bíblia!!!"

Calma!!! Este texto que citei na introdução é mal compreendido por muitos, até por alguns pastores, como já ouvi algumas vezes.

Alguns lançam sobre a mulher um enorme peso de culpa se o seu casamento não vai bem, citando este texto, como se fosse responsabilidade exclusiva da mulher o sucesso do casamento. Eu entendo que não é apenas da mulher a responsabilidade pelo sucesso do casamento, mas entendo também, que Deus deu à mulher algumas ferramentas de que o homem não dispõe. Por isso é importante que a mulher seja sábia o suficiente para usar essas ferramentas em seu casamento e abençoá-lo cada vez mais.

Alguns princípios estabelecidos pelo próprio Deus não podem ser mudados, concorde você ou não. O homem foi criado por Deus para dominar, sim, mas também para *"amar a sua esposa como Cristo amou a igreja e a Si mesmo se entregou por ela"*.

A mulher tem um papel importantíssimo dentro deste propósito maravilhoso de Deus para ambos.

Toda mulher deseja ter ao seu lado um homem resolvido, decidido, resoluto. Você pode pensar que o seu marido jamais será um homem assim e pode até estar ouvindo uma voz (e não é a de Deus, com certeza) dizendo: *"foi uma péssima escolha"*, mas não dê ouvido, pois o seu marido pode ser a pessoa que você deseja se, por sua vez, você decidir ajudá-lo a chegar lá.

É importante, portanto, que você já tenha absorvido o princípio divino da submissão, e eu quero deixar bem claro, como deixei no outro livro escrito só para homens, que essa submissão está ligada ao sentido de caminhar debaixo da mesma missão do marido, que por sua vez é a cabeça da família.

Muitos homens se sentem diminuídos, menosprezados e com sua autoestima diminuída quando suas esposas decidem em seu lugar sobre qualquer assunto concernente ao casal. Portanto é de vital importância que você, mulher, perceba isso e saiba se posicionar dentro desse contexto.

Lembre-se que Deus levantou você como a principal conselheira dele e, inegavelmente, a mulher tem o poder de nos influenciar e em muitas ocasiões, até mesmo, nos levar a fazer aquilo que elas querem. Mas eu não estou referindo-me à manipulação emocional e nem a qualquer tipo de chantagem, mas sim a uma participação sábia e legítima da esposa na vida do seu marido.

Talvez você possa pensar que ele não gostaria que você desse algum "palpite" em suas decisões, mas dependendo de como esse "palpite" for dado, ele será bem recebido, com certeza.

Vou dar um exemplo simples. Suponha que vocês queiram pintar a sua casa e o seu marido estivesse pensando em pintá-la de roxo. A mulher que não aplica a sabedoria em uma situação como essa diria:

> " – *Você tá maluco? Você tá doido? Onde já se viu uma casa roxa. Só você mesmo para pensar numa cor assim. Mas nem pensar. Não vai ser roxa mesmo ou eu não me chamo ...*"

Agora, a mulher sábia já colocaria de outra forma.

– *Meu amor, você é um excelente pintor e com um bom gosto tremendo na escolha das cores. Eu soube que o roxo saiu de moda e que a cor do momento agora para interiores é o marfim. Imagine, meu bem, esta sala pintada de marfim. E com a sua técnica de pintura vai ficar lindo.*

Não vejo a hora de ver tudo pintado por você na cor marfim, vai ficar o máximo. Minhas amigas irão ficar cheias de inveja por não terem um marido como o meu, que sabe pintar como ninguém.

Você notou alguma diferença nas colocações? Com certeza sim, não é mesmo? Claro que eu dei um exemplo fictício, mas que pode vir a se tornar uma realidade na vida de qualquer casal.

Quando a abordagem feita pela esposa ao seu marido sobre um assunto ou em uma determinada área for feita com sabedoria, são grandes as probabilidades de que alguma mudança aconteça e para melhor.

Pode ser que o seu marido pense que ele é alguém muito

especial ou importante, mas ao seu lado e com o seu auxílio e sabedoria, certamente ele se tornará uma pessoa melhor ainda.

> *O óleo e o perfume alegram o coração; assim o faz a doçura do amigo pelo conselho cordial.*
> Provérbios 27:9
> *Não havendo sábios conselhos, o povo se corrompe, mas na multidão de conselhos há segurança.*
> Provérbios 11:14

Por isso, amada leitora, comece a colocar em prática aquilo que Deus lhe deu. Não se preocupe, já está em você. Há um texto na palavra de Deus que exprime bem isso que acabei de lhe dizer.

> *E a unção que dele recebestes, permanece em vós, e não tendes necessidade de que alguém vos ensine; mas, como a sua unção vos ensina todas as coisas, e é verdadeira, e não é falsa, como ela vos ensinou, assim permanecei nele.*
> I João 2:27

Há uma unção de Deus em você, mulher, para abençoar o seu lar e o seu casamento. Creia e não duvide. Independentemente de quem o seu marido pense que é, você pode torná-lo muito melhor, com certeza.

> *E, se algum de vós tem falta de sabedoria, peça-a a Deus, que a todos dá liberalmente, e o não lança em rosto, e ser-lhe-á dada.*
> Tiago 1:5

CAPÍTULO 2

POLOS IGUAIS SE REPELEM

> *Não haverá traje de homem na mulher, e nem vestirá o homem roupa de mulher; porque, qualquer que faz isto, abominação é ao SENHOR teu Deus.*
> Deuteronômio 22:5

Eu busquei na palavra de Deus um texto que pudesse embasar o tema deste capítulo e o único que achei foi o texto acima.

Na verdade não é meu objetivo falar sobre roupas, mas sobre princípios e sobre algo muito maior que tem afetado algumas mulheres e trazido consequências terríveis em alguns casamentos.

Quando Deus criou a mulher Ele foi bem claro na definição do Seu propósito.

> *E disse o SENHOR Deus: Não é bom que o homem esteja só; far-lhe-ei uma ajudadora que lhe seja idônea.*
> Gênesis 2:18

Ajudadora, auxiliadora, ou qualquer outra palavra que traduza o mesmo espírito do propósito de Deus para a mulher no casamento, serve. Deus criou a mulher para caminhar ao lado do marido. Ele não a criou para estar na frente e nem atrás e este é um ponto a que faço menção no livro "Só para homens".

É bem verdade que, no decorrer dos séculos, os homens tornaram-se seres brutos, egoístas e violentos, em muitos casos.

Motivados por soberba, ciúmes, insegurança, rivalidade ou até mesmo por um medo do que a mulher seria capaz de realizar ou vir a se tornar dentro da sociedade, caso lhe fosse dado o devido espaço, muitos dos homens que detinham algum nível de poder, exerceram um domínio opressor sobre as mulheres. Não apenas isso, mas esse princípio começou a ser difundido e ensinado aos meninos enquanto cresciam. Coisas do tipo: *"Meu filho, aprenda desde já que quem manda é o homem!!! As mulheres são fracas e nós somos fortes!!!"*. Isso se alastrou de tal forma que eu, apesar de não me lembrar de um dia ter ouvido de meu pai tais ensinamentos, cresci acreditando neles porque em todo lugar e em todos os homens, com raras exceções, eu via essa postura em relação às mulheres.

Então não posso fechar os olhos para uma realidade tão cruel que a mulher viveu e vive, ainda hoje, em sua história.

Mas, provavelmente, você deve estar se perguntando sobre o quê, então, eu desejo abordar neste capítulo?

A física diz que a toda ação corresponde uma reação. Sendo assim, como não poderia ser diferente, as mulheres, conta a história, reagiram.

Descobri na internet uma informação interessante:

"Surge em 1791 um documento público escrito por Olympes de Gouges, em meio à Revolução Francesa, o qual é considerado como o momento fundador do feminismo.

Olympes de Gouges recorre a uma interpretação não tradicional dos direitos naturais, para defender a igualdade na diferença, a igualdade da mulher no casamento, o "direito à sua própria pessoa" e afirmando como ilegítima qualquer ordem constitucional que não se baseie também no consentimento e participação política ativa das mulheres."

Eu, sinceramente, concordo em gênero, numero e grau com Olympes de Gouges em sua tese. Sua intenção e seu objetivo, além de sinceros, são legítimos.

Porém, eu conheço a história de várias pessoas que deram início a movimentos bons, produtivos, legítimos e honestos, os quais, por terem alcançado dimensões muito maiores do que o planejado, acabaram recebendo acréscimos em suas ideias originais, sendo distorcido, assim, o propósito inicial e transformando um movimento que antes era digno e útil em algo repulsivo a todos.

Com o feminismo não foi diferente. As ideias iniciais de madame Olympes de Gouges eram justas e verdadeiras, mas, como todas as outras, sofreram distorções no decorrer da história. Então, o que vemos hoje em qualquer lugar do mundo são mulheres que, por não compreenderem o que Gouges quis dizer com *"...defender a igualdade na diferença"*, buscam uma igualdade irracional e que na verdade afasta ao invés de agregar.

Bom, acho que fui muito erudito nestes últimos parágrafos e não é minha prática ser assim. Então vamos tentar falar agora de uma forma bem mais direta e de fácil entendimento.

Em seu livro *Por que os homens fazem sexo e as mulheres fazem amor?*, Allan e Barbara Pease, trazem uma descrição clara sobre algumas das diferenças óbvias entre homens e mulheres.

Quando um homem vai ao banheiro, geralmente faz isso por uma razão específica. As mulheres usam o banheiro como espaço para reuniões sociais e sala de terapia. Podem entrar como estranhas e sair como amigas de infância. No entanto, se um homem disser: "Ei, cara, vou ao banheiro, quer ir comigo?", logo vai provocar suspeitas.

Homens tomam posse do controle remoto e ficam passando de um canal para o outro. Mulheres não se importam de assistir aos comerciais. Sob pressão, os homens bebem e começam guerras. As mulheres comem chocolate e vão fazer compras.

As mulheres criticam os homens por seu descaso, sua insensibilidade, porque não sabem ouvir, não são gentis e compreensivos, não conversam nem demonstram carinho, não levam a sério os relacionamentos, querem fazer sexo em vez de fazer amor e deixam o tampo do vaso levantado.

Os homens criticam as mulheres por dirigirem mal, não serem capazes de entender os mapas das ruas (que quase sempre viram de cabeça para baixo), porque não têm senso de direção, falam demais sem chegar ao ponto principal, não tomam iniciativa no sexo e deixam o tampo do vaso abaixado.

Os homens nunca conseguem encontrar nada, mas seus CDs estão sempre arrumados em ordem alfabética. As mulheres são capazes de achar as chaves do carro que estavam perdidas, mas é muito difícil conseguirem chegar a um lugar pelo caminho mais lógico. Os homens acham que são o sexo mais prático. As mulheres sabem que são elas.

Quantos homens são necessários para trocar um rolo de papel higiênico? Não se sabe, isso nunca aconteceu.

Os homens ficam maravilhados com a capacidade que as mulheres têm de entrar em um ambiente repleto de gente e fazer instantaneamente um comentário sobre cada pessoa que lá se encontra. Elas não entendem como eles podem ser tão pouco observadores. Os homens se espantam ao ver que uma mulher não consegue enxergar a luzinha vermelha do óleo piscando no painel do carro, mas é capaz de detectar uma meia suja em um canto escuro a 50 metros de distância. As mulheres se admiram como um homem que estaciona o carro em uma vaga apertada só olhando pelo retrovisor, não sabe onde fica o ponto G.

Se uma mulher está dirigindo e se perde, para e pergunta. Para o homem, isso é sinal de fraqueza. Ele roda em círculos por horas, resmungando coisas como "descobri um outro caminho que vai dar lá" ou "estamos chegando" ou ainda "estou reconhecendo aquele posto de gasolina!".

(Cap 1 – Espécies Iguais, Mundos Diferentes, pgs 10-12)

Então podemos concluir que um fato indiscutível é que homens e mulheres são diferentes. A única coisa que têm em comum é que pertencem à raça humana.

A física diz que polos diferentes se atraem e iguais se repelem. Podemos constatar isso quando tentamos aproximar dois ímãs pelo polo positivo. Eles naturalmente se repelem, não é mesmo? Mas basta virar um dos dois ao contrário que eles grudam de tal forma que às vezes é difícil de separá-los.

Pois bem, esse simples exemplo traz um grande ensinamento para nós em nossos relacionamentos.

Se Deus quisesse que a mulher fosse igual ao homem em muitos aspectos, Ele a teria feito assim. Teria lhe dado uma forma de falar semelhante à do homem, uma voz mais grave. Teria lhe dado uma pele mais grossa, mais rude e não uma pele tão suave e agradável ao toque masculino que muitos a comparam com a textura de um pêssego, por ser tão aveludada. Quem sabe o Senhor poderia então ter-lhe colocado um pouco mais de pelos pelo corpo. Uma vasta barba, talvez. Talvez Deus devesse ter colocado pelos nas mãos e nos pés e isso em grande quantidade. Que tal? Por falar em pés, esses poderiam ser maiores, um número 44/46, assim como os seus ombros, que poderiam ser mais largos. Aliás, a palavra "largo" me trás uma pergunta à mente. Para que a mulher tem uma cintura tão fina? Deus poderia também ter feito uma mulher sem cintura, quadrada.

Paro por aqui ou devo continuar? Você já se visualizou com essas pequenas mudanças que simulamos? Terríveis, não são mesmo? Se para vocês são terríveis, que dirá para nós, homens?

Calma, eu sei que o movimento feminista não defende a igualdade na aparência e nem estou afirmando tal coisa, mas o quê, eu como homem, tenho visto hoje em muitas mulheres?

Bom... Eu acredito que não apenas eu, mas a maioria dos homens tem observado uma mudança de comportamento e valores. Não sou capaz de especificar a causa principal, mas uma das causas dessa mudança está na ditadura da moda.

Não tenho a intenção de ser saudosista, mas quando eu era adolescente (eu sei, faz muito tempo... mas vamos voltar ao assunto, por favor?), bem, quando eu era adolescente e comecei a namorar, todas as vezes que encontrava minha namorada ela estava linda e perfumada. Você percebeu os adjetivos que usei? Linda e perfumada. Eu não disse sensual e gostosa (desculpe a sinceridade da colocação). Sabe o que aquele visual provocava em mim? Um amor maior, uma paixão maior, uma admiração maior e um orgulho maior por ter uma namorada tão bonita. Em nenhum momento, enquanto estivemos namorando, passou pela minha cabeça a hipótese de termos uma relação sexual. Eu não a desejava desta forma. Quando voltava para casa, ficava apenas desejando que chegasse logo o próximo encontro para vê-la outra vez e estar com ela.

Hoje, ao observar as adolescentes, vejo meninas que têm sido influenciadas pela ditadura da moda. Mas que moda? A moda das novelas, das revistas, dos filmes e por que não dizer, das ruas. Só que essa moda não as estimula a se vestirem de forma a que fiquem elegantes e bonitas. Antes, o seu objetivo é tornar a mulher o mais sensual e desejável possível.

E já que estamos falando das jovens; o conceito de namorar, hoje, saiu de moda (olha ela aí de novo). As meninas, assim como os rapazes, "ficam". Que pena! Sinceramente, me entristece muito que o inimigo tenha conseguido implantar este tipo de valor no meio dos jovens. Quando se vai a uma festa hoje, o importante é que se tenha muita bebida e muitos "gatinhos" (que palavra antiga!!! Eu sei, eu também sou antigo). Existe até como que uma competição para saber quem "ficou" mais numa festa. Uma coisa, porém, que as jovens não percebem é que, no meio dos rapazes, nenhum deles escolheria uma dessas meninas para ser a sua esposa, porque, segundo eles: *"ela já passou na mão de todo mundo".*

Já ouvi alguns desses rapazes dizerem: *Quando eu for casar eu quero uma menina séria!*

É isso que satanás faz. Ele torna uma bela jovem em objeto de uso coletivo e tenta convencê-la de que agindo assim ela será admirada por suas amigas, talvez fosse melhor dizer, companheiras.

O que estou dizendo é muito forte? Para alguns pais que perderam seus filhos e filhas após uma balada na boate por toda a madrugada já não é mais. Eles morreram em um acidente de carro porque o motorista, um jovem na flor da idade, estava alcoolizado.

Todos nós sabemos que na época dos nossos avôs, lá pelos anos 10, 20, mais ou menos, as mulheres usavam vestidos que as cobriam por completo. Nenhuma parte do seu corpo, a não ser as mãos e a cabeça, ficava exposta. O que acontecia é que quando uma parte do seu tornozelo aparecia por acaso ou descuido e algum homem percebia, isto o levava à loucura. Porque pela simples visão de um tornozelo ele tentava imaginar como era o restante. Esse era o máximo de sensualidade que uma mulher passava naquela época. Hoje os homens não precisam mais imaginar como é o resto do corpo de uma mulher, porque muitas já o expõe por completo, pode-se dizer.

O que mais me entristece é que essa moda já invadiu as nossas igrejas e não apenas tem afetado nossas jovens, mas mulheres adultas e até mesmo algumas casadas têm usado roupas que levam os homens aos pecados da lascívia e adultério em seus pensamentos. O que não os torna inocentes, de modo algum.

Muitas vezes se torna extremamente difícil para nós, pastores, pregar a palavra do púlpito de nossa igreja, quando uma dessas "abençoadas" irmãs resolve sentar-se na primeira fileira e com uma saia que em seu comprimento deve medir aproximadamente um palmo e meio. Não bastando isso, ela sempre resolve cruzar as pernas.

A estratégia que Deus me deu para quando isso acontecer é de pregar para os irmãos da última fileira de bancos, ou seja, os meus olhos não se dirigem para as primeiras fileiras nunca, durante a mensagem. Assim eu nao corro o risco de cair em tentação, porque eu também sou homem e, se não vigiar, sou passível de me desviar daquilo para o qual Deus me chamou.

Se há uma coisa na mulher que cativa muito o homem, é quando ela está bonita. E entenda que não estou arbitrando aqui a beleza determinada pelo mundo ou pela moda. Minha irmã, saiba que você sempre será linda para o seu marido. Seja magrinha ou um pouco gordinha, não importa. Se ele a ama, saiba que, quando você se veste de forma elegante, ele sente um tremendo orgulho de estar ao seu lado. Quanto aos homens que incentivam as suas esposas a se vestirem provocante e sensualmente, confesso que não posso concordar.

Como eu posso desejar que minha esposa saia de casa vestida de tal forma, que induza os homens a olharem para ela de forma cobiçosa ou até mesmo que lhe digam palavras obscenas e lhe façam provocações imorais? Se de tal forma eu agisse, é porque não estaria dando o devido valor e respeito à minha esposa e a estaria tratando como um simples objeto de consumo.

Amada irmã, você é um presente de Deus na vida deste homem que está ao seu lado, e se você ainda não tem ninguém, saiba que em breve o Senhor lhe trará alguém muito especial, se não for a Sua vontade que você esteja só para O servir. E se assim for, Deus a capacitará para viver desta forma, não se preocupe.

Eu entrei nesse assunto das roupas por ter citado a questão da aparência das mulheres, mas há um outro ponto que desejo abordar que está mais diretamente ligado ao tema deste capítulo.

Eu acredito que nunca se cultuou tanto o corpo como nos dias de hoje. Pelo menos aqui no Brasil, o que mais vemos nas ruas são homens e mulheres com corpos modelados pelos incessantes exercícios de musculação para alguns e pelos anabolizantes, para outros.

Outro dia passou por mim um casal, pelo menos eu creio que era um casal. Na verdade eu não conseguia discernir bem quem era o homem, pois os dois eram muito semelhantes na quantidade de músculos que possuíam. Observando melhor percebi que o menor era uma mulher.

Acho extremamente saudável fazer exercícios e manter uma boa forma. Aliás, eu mesmo preciso urgentemente começar a fazê-los. Bem, como eu estava falando, acho ótimo isto, mas hoje vejo repetidamente, nas ruas, mulheres indo ou vindo das academias com seus músculos extremamente desenvolvidos. Vejo jovens lindas com pernas de jogadores de futebol. Outras têm o bíceps tão avantajado que eu me sentiria envergonhado e um "fracote" perto delas.

Sei que muitas mulheres não irão concordar comigo, e esse é um direito delas, mas a verdade é que algumas perderam a sua feminilidade. Sem falar naquelas que partem para os anabolizantes e começam a engrossar a voz.

Se pararmos para refletir, veremos que por trás disso tudo está uma tremenda insatisfação consigo mesma, ou uma autoestima muito baixa. E este é outro tipo de ditadura. A ditadura do corpo.

Muitas mulheres se revoltam com a ideia de terem de ser, de alguma forma, submissas aos seus maridos. O mundo hoje grita isso em seus ouvidos. Então, inicia-se um esforço sobre-humano, muitas vezes, para se provar que as mulheres não dependem dos homens para nada e que também podem se tornar tão fortes fisicamente como eles. Sutilmente esse conceito está entrando nas igrejas e nos lares.

Hoje vemos maridos e esposas competindo todo o tempo. Quando o marido faz um comentário sobre determinado assunto, imediatamente após, a sua esposa tece um outro comentário sobre o mesmo assunto, como que tentando deixar a palavra final sobre aquilo. Por quê? Para quê?

Em Gênesis há um texto muito simples e claro.

> **Portanto deixará o homem o seu pai e a sua mãe, e unir-se-á à sua mulher, e serão os dois uma só carne.** (grifo do autor) Gênesis 2:24

Este texto fala de unidade. Esse é o propósito, esse é o projeto de Deus para você e para o seu marido. Como dissemos no início, homens e mulheres são diferentes entre si, mas esse sempre foi o propósito de Deus para nós. Justamente pelo fato de ser tão diferente de mim é que a minha esposa me completa tanto. Ela vê coisas que eu não consigo ver. Ela pensa de um jeito que eu não consigo pensar. Ela avalia situações de uma forma que eu não avalio. Se fôssemos iguais, seria extremamente entediante e sem graça e certamente já estaríamos separados.

Eu sei que o mundo diz que essa coisa de casamento já está ultrapassada. Será mesmo? Não é bem isso que eu observo nas artistas quando falam de um novo amor. Seus olhos brilham como que querendo acreditar que realmente encontraram o seu grande amor. Outras, quando chegam ao ponto de falar em casamento perante as câmeras, falam como se estivessem contando acerca de uma grande batalha que foi vencida. A batalha contra a solidão. Porque, na verdade, ninguém na face da terra deseja no fundo do seu coração permanecer só.

Se o inimigo diz que o casamento já perdeu o seu valor, então eu pergunto: como uma criação de Deus pode perder o seu propósito? Será que Deus se esqueceu de alguma coisa para que o casamento dê certo? Ou será que nós, em nosso egoísmo e orgulho, é que complicamos cada vez mais nossos relacionamentos?

Sabe, minha amada, Deus criou a mulher tão diferente de nós, exatamente porque nós, homens, precisamos de toda esta diferença que há em vocês. Toda esta diferença é que nos completa. Toda esta diferença é que nos ensina. Toda esta diferença é que nos atrai. Toda esta diferença é que nos cativa. Quando uma mulher faz aquele jeitinho meigo, uma carinha como que de criança mimada ou o tipo de uma mulher insinuante, para ser mais preciso, sensual (lembrando que falo de mulheres envolvidas com seus maridos), isso nos faz amá-las e desejá-las cada vez mais. Por quê? Por causa da diferença. O Criador dosou você, mulher, e na medida certa, com pontos diferentes dos homens. O que poderíamos acrescentar? Nada, absolutamente, nada.

Portanto encerro este capítulo dizendo que não há a menor necessidade da mulher tentar se igualar ao homem.

Na verdade, algumas mulheres, nessa tentativa, têm afastado de si cada vez mais a população masculina. Aqueles que se aproximam de uma mulher "masculinizada" só têm em mente objetivos indignos e imorais.

Hoje muitos homens querem farrear, curtir e como diriam alguns, aproveitar a vida. E quem é que eles irão procurar para isso? Posso garantir a você que serão aquelas com quem eles jamais se casariam, por considerá-las mulheres fáceis e de "uso comum". Triste isso, não? Concordo, mas infelizmente é a mais pura verdade.

Não se deixe escravizar pela imposição da ditadura do mundo. Não se deixe escravizar pela imposição da ditadura da moda, enfim, não se deixe escravizar por nenhum tipo de imposição, porque você é um ser livre, mas seja você mesma. Não tente corrigir aquilo que não precisa de correção, e nem tente aprimorar aquilo que já nasceu perfeito. Quando falo de perfeição, me refiro à perfeição de Deus em Sua criação.

Seja você, seja mulher, seja feminina, seja bonita e não se preocupe em ter uma aparência sensual diante dos homens porque a sua verdadeira sensualidade não está do lado de fora, mas está dentro de você e ela precisa ser usada para atrair apenas o seu marido, todos os dias do seu casamento.

Sei que o Senhor irá te dar sabedoria par alcançar este objetivo.

A mulher graciosa guarda a honra como os violentos guardam as riquezas.
Provérbios 11:16

CAPÍTULO 3

COMIGO É ASSIM... SE NÃO ME AGRADAR... JEJUM!!!

*O marido dê à mulher aquilo que lhe é devido, **assim também a mulher ao marido.***
(grifo do autor) I Coríntios 7:3

No texto acima o apóstolo Paulo nos ensina que tanto o marido quanto a mulher devem dar ao outro aquilo que lhe é devido. E o que lhe é devido? Dentro deste contexto entendemos muitas coisas. A honra, o respeito, a fidelidade, o amor, o carinho, a amizade, porém além destas e de outras coisas aqui não relacionadas está também o sexo.

O sexo é uma bênção da parte de Deus para nós. Se pensarmos bem, se o sexo fosse apenas para a procriação, como defendem alguns teólogos, Deus não nos teria dado o prazer, ou seja, o orgasmo. Então quando um casal desejasse ter filhos, um diria para o outro:

"- Meu amor, vamos procriar?

- Oh! Sim, querida! Bom... *Eu tenho uma reunião às 15h. Poderíamos procriar às 14:30h. Que tal? Pra você está bom este horário?*

- Hum... Acho que sim. *Neste horário eu já terminei de lavar a louça do almoço. A gente procria rapidinho porque eu tenho ainda que lavar algumas roupas.*

- Então tá! Tá marcado! *Te encontro lá na cama às 14:20h."*

Que diálogo frio, não? Que tipo de relacionamento é esse? Minha irmã, é exatamente assim que seria um relacionamento sexual se não houvesse o orgasmo, o prazer e o desejo um pelo outro.

Por falta de conhecimento, talvez fosse melhor dizer, por ignorância de alguns líderes, o tema "sexo" não é abordado como deveria dentro das igrejas, dos púlpitos, como se isso fosse um sacrilégio, uma heresia, um pecado.

Alguns podem estar pensando:

"Como, pastor? O que o senhor está dizendo? Como um ministro de Deus iria usar o púlpito, um lugar santo onde se prega a palavra de Deus, para falar destas coisas carnais? Que absurdo!!!"

Pois é... Por causa deste e de outros pensamentos é que temos hoje em nossas igrejas homens e mulheres prisioneiros da prostituição, fornicação, adultério e pornografia.

Sabe o que a palavra de Deus diz?

O meu amado é para mim como um ramalhete de mirra, posto entre os meus seios.
Cânticos 1:13

Os teus dois seios são como dois filhos gêmeos da gazela, que se apascentam entre os lírios.
Cânticos 4:5

Que belos são os teus amores, minha irmã, esposa minha! Quanto melhor é o teu amor do que o vinho! E o aroma dos teus unguentos do que o de todas as especiarias!
Cânticos 4:10

Do que a Bíblia está falando aqui? De relacionamento sexual minha irmã!

Que fique, porém, bem claro que ela não está falando de "transa", no sentido carnal, de prostituição e de aventuras sexuais, mas de um relacionamento sexual abençoado, regado por um amor sincero e verdadeiro.

Já ouvi de pastores a seguinte afirmação:

"Sexo não é tudo no casamento!!!"
Concordo em termos. Certamente o sexo não é tudo no casamento, mas por causa da negligência de alguns maridos e de algumas esposas nesta área, casamentos foram destruídos.

E por falar em sexo...

Dentro deste contexto sexual, existem alguns mitos que eu gostaria de comentar.

Algumas das informações que irei passar aqui são fortes e diretas, como creio que tal assunto deve ser tratado. E muitas delas eu adquiri em um congresso para pastores, em Campos, com o Pr. Bernardo Stamateas. Um pastor argentino, psicólogo e sexólogo. Homem extremamente experimentado nesta área e ungido de Deus.

Há um mito de que sempre deve ser o marido a tomar a iniciativa em um relacionamento sexual. Onde está escrito isso? Não sei se você, mulher, sabe, mas uma das coisas que mais excitam os homens é quando sua esposa toma a iniciativa de provocá-lo. Preciso ser mais claro? Então serei.

Com o passar dos anos, talvez séculos, vem sendo ensinado às mulheres, desde pequenas, que a atitude da mulher em relação ao seu marido deve sempre ser de passividade. É importante ressaltar que não estou fazendo apologia a um comportamento liberalista e vulgar por parte da mulher. De jeito nenhum, mas é importante entendermos que uma participação mais ativa da esposa no contexto sexual junto ao seu marido pode em muito contribuir para uma melhor relação entre os dois nesta área e também para fechar oportunidades ao inimigo de trazer suas armadilhas para dentro do casamento.

Minha amada, como todos sabem, o homem é extremamente estimulado pelo olhar e esta é uma arma poderosa que o Senhor lhe deu para atrair o seu marido para junto de você. Muitas mulheres reclamam que seus maridos não as procuram mais como antigamente. Ora, casamento não é uma brincadeira de esconde-esconde, onde um dos dois se esconde enquanto o outro, conta até dez e sai para procurá-lo.

Por outro lado, há homens que fazem a seguinte afirmação:
"Ah pastor! Minha mulher anda muito fria! Todos os dias ela está do mesmo jeito, sempre com a mesma cara, sempre reclamando da vida! Eu já estou cansado e desanimado!"

Na verdade, o que estes homens estão dizendo é que eles gostariam de uma mulher mais participativa. Talvez a sua vida financeira não seja exatamente aquilo que você tinha projetado em seus sonhos, mas saiba que ainda que fosse, ela não poderia ajudá-la em sua vida sexual com seu marido. Conheço a história de muita gente que tem excelente condição financeira, mas que no contexto do relacionamento conjugal vive um total fracasso, apesar de ter na garagem um ou mais carros importados.

Agora vamos mais fundo. Prepare-se e, por favor, não se escandalize. Já passou pela sua mente escolher um dia qualquer da semana para receber o seu marido à noite, quando ele chegar do trabalho, vestida apenas com roupas íntimas, bem perfumada, com uma música estimulante tocando suavemente? E, além disso, ao recebê-lo não dar-lhe apenas um selinho, mas um beijo apaixonado? Um daqueles beijos que nem em um filme bem romântico nós vemos.

"Pastor, o que é isso que o senhor está dizendo??? Eu, uma serva do Senhor??? Como poderia fazer tal coisa???"

Minha irmã, isso é vida!!! Como eu não gosto de falar, ou escrever nada sem embasamento bíblico, então vamos para a Bíblia.

Veja o que a palavra de Deus fala para nós, homens:

> *Seja bendito o teu manancial, e alegra-te com a mulher da tua mocidade.*
> *Como cerva amorosa, e gazela graciosa, os seus seios te saciem **todo o tempo**; e pelo seu amor **sejas atraído** perpetuamente.*
> (grifo do autor) Provérbios 5:18-19

A Bíblia nos estimula a que nos alegremos em todo o tempo com a mulher da nossa mocidade e nos "saciemos".

Este é o termo que a própria Bíblia usa, mas, além disso, ela ainda nos adverte que sejamos atraídos pelo seu amor *perpetuamente*.

Olhando pelo lado masculino, como eu posso ser atraído por minha mulher se ela sempre espera que eu tome a iniciativa? É bem verdade que na maioria das vezes somos nós que, instintivamente, tomamos a iniciativa. Mas é extremamente salutar que, de vez em quando, você, mulher, inverta essa ordem.

Como? De que forma? Óbvio que eu não irei entrar em detalhes, mas, de repente um carinho mais íntimo enquanto ele está assistindo o jornal da noite, uma palavra ao pé do ouvido que só ele pode ouvir, um cheiro aqui, um cheiro ali, e por aí vai. Deixe a sua imaginação te levar. Tenha um pouco de fantasia com aquele a quem você ama.

Não vou pedir para você me contar o que aconteceu depois porque eu não poderia descrever tal experiência aqui, mas tenho certeza de que será bênção pura.

Quero deixar bem claro que sou totalmente contra a máxima que o mundo ensina e defende de que *"Dentro das quatro paredes de um quarto vale tudo"*. Não penso assim, porque isto me passa a ideia de prostituição, depravação e distorção total daquilo que Deus planejou para ambos no relacionamento sexual.

Sei que alguns psicólogos, inclusive cristãos, não concordam comigo e posso respeitar suas opiniões, apesar de também não concordar com elas.

Bom, essa é a minha opinião e você, leitora, não é obrigada a concordar comigo. Porém entendo que Deus nos deu todos os meios para termos momentos de intenso prazer com o nosso cônjuge.

Por que será que temos em nossos corpos alguns pontos chamados erógenos? Por que, se acariciarmos esses pontos, isso mexe tanto com a nossa libido a ponto de nos levar a um grau de êxtase profundamente intenso?

Porque Deus nos fez assim!!! Foi Ele quem colocou em nós esses pontos. E para quê? Qual o propósito de Deus em fazer-nos assim?

Não posso ver outro propósito que não seja o de nos proporcionar prazer com a pessoa a quem amamos.

Sendo assim, acredito que toda a carícia, quando regada por um amor verdadeiro, é válida entre o casal. Mas vou me deter por aqui, porque o restante desta história, creio, é você quem deve escrever com o seu marido.

Quando não compreendemos o verdadeiro lugar do sexo dentro do casamento, acabamos por torná-lo um objeto de troca e de negociações.

Infelizmente algumas mulheres usam o sexo como elemento de barganha. Olham o sexo como um elemento de poder e domínio e entendem que podem de alguma forma governar seus maridos através da concessão sexual. Isto verdadeiramente é um grande engano e um enorme perigo, pois é nesta circunstância que o inimigo se aproxima com todas as suas artimanhas e tentações.

Infelizmente alguns casamentos têm terminado porque algumas esposas fazem este jogo.

Minha amada, escute o que eu vou lhe dizer agora. Pode parecer uma brincadeira, mas é muito sério. Quando um homem sai de casa com "fome", o inimigo se encarrega de lhe oferecer algumas "guloseimas" na rua. Entendeu bem o que eu estou dizendo ou preciso ser mais claro?

Conheci um casal há muito tempo atrás em que o marido conseguiu uma excelente oportunidade de trabalho em outro estado e para tanto era necessário que sua esposa o acompanhasse, mudando-se para esse estado. Por simples birra e orgulho, ela disse que não iria, obrigando-o a, semanalmente, retornar à sua cidade para rever a esposa. O que aconteceu foi que em alguns finais de semana não era possível ele viajar e, consequentemente, depois de alguns anos ela veio a descobrir que ele já tinha constituído, naquela cidade, outra família. Ao saber disso imediatamente ela decidiu acompanhá-lo, mas já era tarde e o seu casamento terminou.

Há muitos anos atrás havia uma propaganda na TV, acerca da segurança no trânsito, que continha uma frase de impacto.

"NÃO FAÇA DO SEU CARRO UMA ARMA, A VÍTIMA PODE SER VOCÊ!".

Creio que poderíamos parafraseá-la dizendo:

"NÃO FAÇA DO SEXO UMA ARMA, A VÍTIMA SERÁ VOCÊ!".

Eu sei que existe a questão hormonal na mulher. Sei que algumas mulheres vivem períodos, por causa dos hormônios, em que elas rejeitam o marido e não desejam ter relação sexual com ele. Mas até isso precisa ser visto e administrado com cuidado e sabedoria. Entenda que nós homens, na grande maioria, não temos conhecimento destas coisas. Por isso eu vejo como algo de vital importância que você, mulher, converse com o seu marido sobre estes assuntos. Tente ajudá-lo a compreender esse mecanismo que existe no seu organismo.

Agora, quando a mulher junta as duas coisas, as alterações hormonais com o desejo de manipular ou punir o marido por alguma coisa que a desagradou, aí, realmente, ela estará brincando com fogo, e sem dúvida nenhuma irá se queimar.

Uma das coisas mais maravilhosas que Deus nos deu foi o sexo, juntamente com o prazer, é claro. Porém não concordo que todos os meios são válidos para se ter prazer.

A Bíblia diz:

> *Venerado seja entre todos, o matrimônio e **o leito sem mácula**; porém, aos que se dão à prostituição, e aos adúlteros, Deus os julgará.*
> *(grifo do autor) Hebreus 13:4*

Há muitas formas de macular o leito e uma delas é quando eu uso o sexo como uma forma de recompensa ou então de castigo. Uma mulher satisfeita sexualmente pelo marido, certamente é uma mulher feliz, mas conheço mulheres extremamente amargas e depressivas em virtude de viverem uma difícil relação nesta área com seus maridos.

Conheci uma senhora há alguns anos que ficou viúva muito cedo e por ter amado tanto ao seu marido, decidiu que nunca mais seria de outro homem. Quando a conheci já haviam-se passado trinta ou quarenta anos e ela sofria de problemas de ordem neurológica. Procurando saber o que havia acontecido a ela, me foi relatado que tudo isto foi consequência, dentre outras coisas, da abstinência sexual por período prolongado.

Concluindo, o sexo é parte integrante do casamento; mais do que isso, é vital para o bem estar do casal. Portanto, deve ser desfrutado em toda a sua intensidade com aquele a quem você ama e se entregou.

Siga o que a Bíblia orienta. Ame o seu marido, surpreenda-o de vez em quando. Prepare ambientes novos, sugira algumas saídas a lugares a que vocês ainda não foram, viagens, talvez, se o orçamento comportar. Não permita que o micróbio da rotina se instale entre vocês. Mesmo que não haja recursos financeiros sobrando, a imaginação é um instrumento poderoso, utilize-a. Deus dotou você, mulher, de uma sensibilidade que nós, homens, não possuímos. Use essa sensibilidade também na área sexual e você verá o seu marido saindo no dia seguinte para trabalhar, mas desejando voltar o mais rápido possível para casa.

Só mais uma coisa. Muitos casamentos acabam por que mulheres se trancam dentro de si mesmas e se violentam por não conversarem com seus maridos sobre a área sexual, tornando-se, assim, frustradas, tristes e deprimidas.

Como eu disse lá atrás, consequentemente, a visão que seus maridos têm ao chegar em casa é sempre de uma esposa abatida, feia, por ter uma aparência triste, e que não se cuida.

Uma das coisas mais importantes é que você abra a sua boca para dizer ao seu marido o que você gosta e o que você

não gosta que ele faça na cama com você. Infelizmente, algumas mulheres pensam que se disserem aos maridos o que sentem, eles deixarão de amá-las ou então se separarão delas.

Muitas vezes, nós homens, não alcançamos as expectativas de nossas esposas tão somente por não saber quais são essas expectativas.

Muitos homens tentam acertar e nessa tentativa acabam por sugerir coisas com as quais eles mesmos não se sentem bem, mas, como o seu intuito é o de tentar agradar sua esposa... Porém, como essa esposa não fala sobre o assunto, fica muito difícil para ele saber o que a possa agradar e fazê-la feliz.

Mulheres, conversem com seus maridos. Deixem a vergonha de lado, entrem em seus quartos, tranquem a porta e conversem demoradamente sobre este assunto de tão grande importância e perguntem sobre tudo o que desejarem.

Vocês verão como as coisas fluirão de forma muito mais simples, suave e agradável aos dois.

Acredito que a partir de agora algo novo irá acontecer no quarto de vocês.

Que Deus, para tanto, lhes abençoe.

CAPÍTULO 4

NÃO ACREDITO QUE ELE VIU TODO AQUELE LIXO E NÃO JOGOU FORA!!!

Um dos grandes problemas nos casamentos, ainda que pareça pequeno, é a questão da expectativa da esposa em relação a certas atitudes que ela espera que o marido tenha, para a qual, porém, ela não tem o respectivo retorno.

Deus deu à mulher uma sensibilidade muito maior do que ao homem e esta sensibilidade não está restrita apenas à facilidade de se emocionar e chorar, mas também a de perceber detalhes, principalmente do que está ao redor.

Todos sabem que a visão da mulher é periférica e a do homem é focada.

A mulher tem uma capacidade muito maior do que o homem, de identificar o ambiente ao seu redor e, assim, consegue perceber as necessidades com mais facilidade.

Não poucas vezes, em atendimentos a casais, ouvi das esposas a seguinte queixa: *"Pastor, ele não está vendo que a pia está cheia de louça? Ele não está vendo a quantidade de lixo para se jogar fora? Será que eu vou precisar sempre falar com ele?".*

Eu posso garantir às esposas que estão lendo este livro, que os seus maridos estão vendo, sim, todas estas coisas, mas, não as estão enxergando.

Ao consultarmos o dicionário sobre o sentido de cada palavra verificamos o seguinte:

Para a palavra "ver", dentre os significados encontrados no dicionário Koogan/Houaiss está:

- olhar para;

Já para a palavra "enxergar", encontramos:

- Divisar; **perceber**;

E esta é a grande diferença, eles veem, mas não percebem. Sei que para você, mulher, é difícil de entender isso. Como uma pessoa pode ver alguns sacos de lixo empilhados no canto da área de serviço e não perceber a necessidade de retirá-los dali? Eu estou dando um exemplo simples, mas na verdade essa situação se repete em muitas outras áreas dentro do casamento.

Às vezes o homem até consegue ver a necessidade, mas não consegue priorizar. Sua mente está em uma próxima tarefa que ele elegeu como prioritária, consequentemente, o lixo vai ficar para depois, um depois que às vezes não chega. Qual o resultado disso? A esposa aborrecida, frustrada e magoada recolhe o lixo e o leva para fora da casa.

Como podemos resolver esse impasse? O que eu posso lhe dizer é que a solução é muito simples. Basta que você ajude o seu marido a priorizar as coisas da casa, uma vez que ele também é responsável pela mesma.

Muitos homens desenvolvem em suas mentes a visão de que somente a mulher é responsável pela casa e que a participação deles no lar é tão somente a de provedor, portanto, se acomodam e apenas querem estar sentados no sofá da sala assistindo ao telejornal ou à final do campeonato de futebol.

Ao invés de você ficar irritada e revoltada com esta situação, aproveite para perceber a oportunidade que Deus está lhe dando para interagir com o seu marido. Este pode e deve ser um momento de aprendizado para ele, quando você, com muito amor e principalmente paciência, vai mostrar a ele a necessidade de participar mais ativamente no cuidado com a casa. Eu posso garantir a você que a estratégia de esperar que ele veja a necessidade e tome uma atitude não é a melhor, pois com certeza isso irá trazer-lhe decepção e tristeza, além de um sentimento de que ele não se importa com você, o que não é verdade.

Ele precisa sim, no bom sentido, ser cobrado.

Às vezes minha esposa me pede com uma voz bem suave e tranquila:

"Meu amor, você poderia levar esse lixo para a lixeira agora? Porque ele já está cheirando mal e eu preciso terminar o almoço."

Não há como eu não atender. A solicitação foi feita em primeiro lugar; de modo amoroso, em segundo; sem acusação e sem rancor e em terceiro; envolvendo-me na solução e não me colocando como parte do problema.

Você é a pessoa ideal para ajudá-lo a perceber as outras prioridades existentes numa vida a dois. Sei que talvez não tenham lhe ensinado isso, mas nunca é tarde para se aprender, principalmente quando o aprendizado nos traz bênçãos.

Exercite o diálogo mais amplo. Aquele em que discutiremos não apenas as contas a serem pagas, a escola dos filhos, os projetos futuros, mas o que também envolve o dia a dia da casa e os seus cuidados. Agindo assim, você sentirá o seu marido muito mais perto de você e, com o passar do tempo, você já não precisará mais lembrar-lhe de algumas coisas, pois elas já estarão incorporadas à sua lista de prioridades.

Dentro da questão das expectativas que coloquei no início do capítulo, ainda podemos mencionar algo que incomoda muito e por que não dizer, até mesmo fere a muitas mulheres, ou seja, quando você vai a um salão sem que ele o saiba e, para lhe fazer uma surpresa investe numa superprodução em seu visual. É claro que a sua expectativa é que, quando o seu marido a vir, diga com todas as letras o quanto você ficou mais bonita com o novo corte de cabelo e como o novo vestido lhe tornou mais esbelta, mais magra e atraente. Mas o que você ouve quando ele chega do trabalho?

"Oi meu amor, tudo bem? Hummm, que cheirinho gostoso. O que temos para o jantar hoje? Estou com uma fome de leão!!! Coloca o meu prato enquanto eu vou tomar um banho rapidinho, querida?"

Não preciso lhe perguntar qual o sentimento que lhe vem ao coração neste momento, ou que pensamentos invadem a sua mente, não é mesmo?

"Ele é um insensível! Ele não me ama e nem se importa comigo! Vai ver que já tem outra por aí! Eu já devo estar velha para ele!"

E se você der asas à sua imaginação, acabará tendo certeza de que ele já tem até mesmo uma outra família.

Calma! Não é necessário ir tão longe por causa de algo que pode ser tratado de forma simples.

Eu concordo que o ideal é que ele note a mudança ocorrida em você, mas é preciso ajudá-lo a *"perceber"* isto.

Deixe-me então lhe dar uma sugestão. Como dissemos no início, o homem tem uma visão focada. Nós temos dificuldade em perceber detalhes e, portanto, precisamos muito da ajuda de vocês, mulheres, para notarmos determinadas coisas que são importantes.

No exemplo citado anteriormente, talvez fosse uma boa estratégia alargar a esfera das mudanças. O que eu quero dizer com isso? Entenda, o homem vê determinados acontecimentos como se fosse uma foto 3x4. Está ali diante dele, mas ele não dá a atenção necessária. Sabe do que ele precisa para perceber? Na verdade pode parecer um absurdo e eu até concordo com você que seja, mas o que ele precisa mesmo é de um *Outdoor*.

Como eu já disse, você poderia, além da produção do visual, produzir também o ambiente em que vai recebê-lo. Se ao chegar do trabalho ele encontrar um ambiente modificado, uma luz suave (talvez luz de velas), um suave perfume no ar, os móveis da sala reorganizados, trazendo assim uma mudança visível aos olhos e uma esposa a abraçá-lo e beijá-lo de uma forma completamente diferente da habitual, como homem eu lhe garanto, que mesmo nós, desligados como somos, não conseguiremos ficar alienados a todo esse evento. E lhe digo mais, um detalhe nos leva a outro. Assim conseguimos observar e perceber cada um deles, principalmente a nova mulher que nos recepcionou.

Este tipo de atitude pode proporcionar ao homem uma aproximação maior de sua esposa.

Infelizmente, não são todos os homens que têm o dom de saber quebrar a rotina de vez em quando. Por isso, a participação da mulher neste processo é imprescindível. É como um carro que não quer pegar na chave. Basta dar um tranco e o motor liga.

Ok! Eu sei o que você está pensando: *"Mas pastor, não poderia ser mais fácil? Por que a gente tem de ter todo este trabalho?"*.

A minha cunhada de vez em quando usa uma expressão que eu concordo plenamente: *"Molinho, não tem graça!"*.

Na vida de um servo de Deus, e de uma serva também, óbvio, as lutas são uma constante. Lembre, minha irmã, que o inimigo veio para roubar, matar e destruir, e cabe a nós, enquanto vivos, combatermos o exército inimigo e, em nome de Jesus, desfazer as obras de satanás.

Mas, por outro lado, é importante também que eu lhe diga algo. Quero então trazer à memória um texto da palavra de Deus.

> *Glória, porém, e **honra** e paz a qualquer que pratica o bem; primeiramente ao judeu e também ao grego; (grifo do autor) Romanos 2:10*

> *Portanto, dai a cada um o que deveis: a quem tributo, tributo; a quem imposto, imposto; a quem temor, temor; a quem **honra, honra**.*
> *(grifo do autor) Romanos 13:7*

O que quero dizer com isto? Que é muito importante para o homem ouvir de sua mulher palavras de incentivo e estímulo. Palavras, como dizem os textos, de honra.

Você tem o hábito de honrar o seu marido? Você reconhece quando ele faz o bem? Ou será que em sua mente só há o seguinte pensamento: *"Ele não faz mais do que a sua obrigação"*?

Em Provérbios 18.21 lemos:

> *A língua tem poder de vida e de morte; o que bem a utiliza gozará dos seus frutos.*

Sei que a sua expectativa provavelmente já foi por diversas vezes frustradas, mas não vejo nisso motivo para que você desista ou não acredite mais que o seu marido pode vir a ser aquele homem participativo e envolvido que você deseja tanto ter ao seu lado.

Creia que o seu marido pode aprender, sim, a perceber coisas que antes não percebia. Ele é como uma criança que necessita ser ensinada, não querendo de forma nenhuma menosprezá-lo, até porque, quando digo isto, falo de mim mesmo, pois nós homens somos assim. E se você, mulher, não entender isto, com certeza passará por outras frustrações, pois estará esperando respostas dele, às quais ele não poderá lhe dar, porque ainda não as aprendeu.

Casamento é como uma construção e como toda construção é também uma obra de paciência.

Eu já trabalhei na área de construções. Já virei massa de cimento, levantei paredes, fiz instalações elétricas, passei massa em paredes, lixei, pintei, instalei portas e muitas outras coisas. Em uma obra existem algumas atividades que são rápidas na sua execução, ou seja, no final do dia você pode ver o seu progresso imediato, mas há outras áreas que exigem planejamento, estudo meticuloso e execução quase que milimétrica, porque, se não for assim, uma única falha poderá comprometer toda a segurança da construção.

Com o casamento não é diferente. Algumas coisas nós podemos fazer imediatamente e ver os seus resultados, mas há outras áreas em que teremos de investir tempo, planejamento, perseverança e paciência. O grande problema do ser humano é que ele é um imediatista. São raros os casos de pessoas que têm paciência para esperar os frutos do seu trabalho.

Infelizmente, algumas mulheres não conseguem ver em seus maridos as pedras preciosas, porém brutas, que eles são e que necessitam ser lapidadas.

O diamante bruto não tem tanto valor quanto o lapidado. Mas há outra coisa a ser apreciada em um diamante. Existem vários tipos e formas de lapidações, e uma delas é a lapidação Amsterdam. A característica desta lapidação é que ela possui 57 facetas, ou seja, o lapidário tem de fazer em um diamante bruto, 57 faces simétricas e, seguindo normas de padrões internacionais, deve polir a todas de forma perfeita e sem permitir que nenhuma face fique em tamanho e ângulo diferentes do estabelecido pelas normas.

É um trabalho totalmente manual e que depende exclusivamente da habilidade, sensibilidade e paciência do lapidário. O resultado de um trabalho feito com paciência e cuidado é uma pedra de intenso brilho e grande valor.

Mas quero lhe passar um detalhe que talvez você não saiba. Você sabe onde o diamante é lapidado? Em um disco com centenas de pedaçinhos, caquinhos, de diamantes. Este disco gira em alta rotação e o lapidário encosta o diamante bruto nele para ser lapidado, fazendo assim faceta por faceta.

O que aprendemos com isso é que para se ter uma linda e valiosa pedra se faz necessário expor o diamante a um intenso atrito e desgaste.

Será que com o casamento não é semelhante? Veja... Quantos são os momentos de atrito que você tem tido com o seu marido por causa de questões pequenas? Que frutos esses atritos produziram no casamento de vocês? Nenhum? Então você precisa usar a técnica do lapidário.

Certamente investir no marido para que ele aprenda certas prioridades será desgastante e muitas vezes cansativo, mas essa é uma parte da construção que, após ser concluída, não necessitará mais ser trabalhada.

As expectativas que você depositou na pessoa do seu marido ainda podem ser atendidas. Fique tranquila que nem tudo está perdido. Basta você ajudá-lo a chegar lá. Tem sido assim comigo e com milhares de homens cujas esposas aprenderam esse segredo.

Hoje eu posso ver muitas coisas que antes eu não tinha o hábito de perceber e já percebo. Perdoe-me por me citar como exemplo, mas hoje já jogo o lixo fora sem que precise ser solicitado por minha esposa.

Porém, para contrabalançar o que disse, ainda há muitas outras áreas em minha vida em que ela continua sendo usada por Deus para me ensinar.

Sendo assim, as suas expectativas poderão ser plenamente satisfeitas se você se dispuser a trabalhá-las junto com o seu marido em conversas francas e sinceras.

Que Deus a inspire neste abençoado projeto.

CAPÍTULO 5

MEU MARIDO?
MARAVILHOSO!!!
MINHA SOGRA?
SEM COMENTÁRIOS!!!

Se for possível, no que depender de vós, tende paz com todos os homens.
Romanos 12:18

Imagino que você, que está lendo este capítulo, pode ser uma nora que não consegue se entender com sua sogra, ou então pode ser uma nora que ama muito a sua sogra, ou ainda, você pode ser a sogra. Há ainda aquelas que ao mesmo tempo são sogras e noras também. (Que situação difícil, hein!).

Bom, há muito tempo esta é uma relação que normalmente é conturbada. Por quê? Por que é tão difícil a relação entre duas mulheres que amam o mesmo homem, no caso, marido e filho? E é preciso dizer que a situação deste homem é extremamente delicada, uma vez que ele também ama as duas mulheres em questão.

Tirando os casos extremos, que às vezes até envolvem questões patológicas, na maioria deles é possível uma convivência harmoniosa e abençoada entre nora e sogra.

Não é minha intenção defender nenhuma das duas partes, antes, o meu intuito é defender a família, pois é esta que o inimigo deseja destruir, e, se ele puder usar uma nora para isso, ele o fará, mas, se ele puder usar também uma sogra, não deixará de fazê-lo.

Nao deis lugar ao diabo.
Efésios 4:27

Essa admoestação do Apóstolo Paulo à igreja de Éfeso serve para nós também. Se ele faz uma advertência dessas à igreja, então entendemos que é possível darmos lugar ao diabo em nossas vidas.

Há outro texto que deveríamos sempre ter em mente.

> *Sede sóbrios; vigiai; porque o diabo, vosso adversário, anda em derredor, bramando como leão, buscando a quem possa tragar;*
> *I Pedro 5:8*

Sobriedade. Uma das estratégias do inimigo é tentar nos levar a olhar para aquilo que não é o fundamental dentro de uma situação. Ficamos como que entorpecidos por uma circunstância da vida e perdemos a sobriedade.

Amada, quando Paulo inicia este verso dizendo: *Sede sóbrios,* é exatamente porque ele sabe que o inimigo sempre tenta nos tirar do foco da questão.

Deixe-me mostrar-lhe mais um texto apenas.

> *Porque não temos que lutar contra a carne e o sangue, mas, sim, contra os principados, contra as potestades, contra os príncipes das trevas deste século, contra as hostes espirituais da maldade, nos lugares celestiais.*
> *Efésios 6:12*

Mais uma vez Paulo está chamando a atenção para o foco, para a origem de muitas situações de conflito que vivemos. É muito fácil atribuirmos a uma determinada pessoa a responsabilidade por uma condição de desconforto em um relacionamento. É muito mais fácil eu culpá-la e lançar sobre ela todo o meu furor.

Quando optamos por esse caminho, dificilmente consideramos que parte da solução pode estar em nós mesmos, se entendermos que também somos parte do problema.

Sendo assim, parte daquilo que é preciso ser tratado, ser mudado, ser transformado, simplesmente, para a minha surpresa, está em mim mesmo.

Quero então retornar ao assunto deste capítulo, ainda que, na verdade, não tenha saído dele.

Se pudéssemos conversar frente a frente e eu lhe perguntasse o que você acha da sua sogra, talvez a sua resposta viesse acompanhada da narrativa de vários fatos e atitudes dela, que justificam o que você sente por ela, seja um sentimento bom ou não. Mas aquelas que têm um bom relacionamento, talvez, não precisem tanto ler este capítulo quanto as que, há muito tempo, quem sabe anos até, travem uma "luta" com suas sogras, ou com suas noras, se você é uma sogra. Sendo assim, quero me deter nesta segunda hipótese.

Quando faço atendimentos a casais em conflitos, uma das coisas que oriento aos dois é que não desejo ouvir acusações mútuas, pois não estamos ali para procurar os culpados e nem tão pouco para julgarmos ninguém, mas, principalmente, para buscarmos soluções e o caminho da restauração.

Neste ponto, o relacionamento entre nora e sogra não é diferente. Quando há um litígio, quando há diferenças entre as duas, o que se acentua são os erros, as diferenças de opinião e, muitas das vezes, o "título de propriedade" do marido/filho. Aliás, eu creio que os grandes culpados desta história toda entre noras e sogras somos nós, os maridos/filhos. Pense bem, se não houvesse maridos, não haveria casamento e, consequentemente, não haveria sogras e noras. Então as duas poderiam ser grandes amigas, pois já não haveria mais o objeto de disputa: o marido/filho. Seria essa uma solução? Exterminarmos com essa raça desagregadora da família, os maridos/filhos? Claro que não!!! Tenham misericórdia de nós!!!

Há outra solução que a Bíblia nos indica, e eu quero retornar ao texto áureo deste capítulo.

Se for possível, no que depender de vós, tende paz com todos os homens.
(grifo do autor) Romanos 12:18

Há sempre uma tendência muito forte de achar que para um relacionamento estar bem, o outro precisa cumprir alguns requisitos. São raros os casos daqueles, ou, neste contexto, daquelas, que reconhecem que precisam melhorar em alguns pontos, abrir mão de outros e tomar determinadas iniciativas para que o relacionamento com sua sogra possa melhorar. Normalmente, ainda que não devesse ser normal, a postura é de cobrança e de passividade por parte das noras.

Sei que há sogras e sogras. Poderíamos então tentar entender quais os motivos que levam algumas mães a se posicionarem de forma competitiva com suas noras. Na verdade há uma infinidade de possibilidades.

Existem mulheres que têm apenas um filho, por escolha pessoal ou por não poder mais gerar outros. Muitas delas adotam então uma atitude de posse, de propriedade. As que não podem gerar outros filhos, principalmente, desenvolvem o sentimento de que só têm aquele filho e de que não poderiam perdê-lo de forma nenhuma.

Quando surge uma moça na vida do filho, moça esta que prende totalmente a atenção do moço, não apenas a sua atenção, mas principalmente o seu coração, a mãe do mesmo começa a experimentar, em uma pequena escala, um sentimento de perda. Ela já não tem mais o seu "filhinho" tão próximo como antigamente. Ela já não tem mais toda a atenção do filho, porque agora o coração do filho bate forte ao ouvir o nome ou a voz do seu novo amor.

Isto é extremamente doloroso para algumas mães que não se prepararam e nem aos seus filhos para esse evento.

Conheço algumas mães que ainda chamam seus filhos no modo diminutivo, ou seja, "inho", ainda que ele já seja hoje um homem feito. Há uma recusa e uma resistência interior em aceitar o crescimento e a independência do filho que, por tantos anos, foi totalmente ligado a essa mãe, mas que agora, naturalmente, está se distanciando, porém, não no sentimento, pois certamente ele nunca a deixará de amar, mas como que cumprindo um princípio bíblico.

> *Portanto deixará o homem o seu pai e a sua mãe, e unir-se-á à sua mulher, e serão ambos uma só carne.*
> Gênesis 2:24

Sabe quem disse isso, mãe? (falo agora diretamente às sogras) **Deus**. Esse é um principio que Ele estabeleceu para que as coisas andem bem na vida conjugal do homem.

Outro dia vi uma cena na rua que me chocou. Uma mãe andando com o seu filho vestido caracteristicamente como um adolescente. Com bermudão, camiseta larga, tênis da moda, cabelo desgrenhado. Bem... Ouvindo essa narrativa você poderia me perguntar o quê, afinal de contas, teria me chocado? Apenas um fato, o de que aquele filho tinha aproximadamente quarenta anos. E esqueci-me de um detalhe. Apesar de, visivelmente, ele não ser uma pessoa com necessidades especiais, ela o conduzia pela mão.

O cordão umbilical não foi cortado. Aquela mãe não abria mão do seu mandato de mãe e, em sua mente, jamais cogitava a possibilidade daquele filho ir embora e estabelecer uma nova família.

Infelizmente essa história se repete milhares, talvez milhões de vezes.

Talvez a sua sogra seja uma pessoa nestes moldes, com estas características, e você pode estar se perguntando agora, enquanto lê estas páginas: *como, então, eu posso fazer com que ela mude?*

Essa é a questão! Pensamos logo em como mudar o outro. Porque eu não gosto da forma do outro, porque eu não gosto do jeito do outro, por isso eu entendo que ele, ou ela, precisa mudar para que vivamos bem.

Preciso dizer que você dispõe de outras ferramentas que podem ajudar a restaurar esse relacionamento. Dentre elas, posso ressaltar duas principais: você e o seu marido.

Não sei se você já percebeu, mas as pessoas interagem conosco em reciprocidade à nossa interação com elas. *(Que coisa mais complicada!!!)* Deixe-me dizer de outra forma: normalmente as pessoas me tratam de acordo com a maneira como eu as trato. *(Ficou mais fácil agora?)* Pois é... É muito possível que sua sogra seja o reflexo de você mesma, nela.

Que absurdo, pastor!!! Estou indignada em ler isso!!! Agora vê se aquela megera seria o meu reflexo? De jeito nenhum!!! O senhor está redondamente enganado!!! Não aceito isso de jeito nenhum!!!

Ok! Já desabafou? Está mais calma agora? Podemos prosseguir? Então vamos. Se necessário, tome uma aguinha com açúcar, faz bem. Goste você ou não, o que eu disse é a mais pura verdade. Quer um exemplo? Pois irei usar você mesma como exemplo do que eu disse.

Como você age, ou reage, com alguém que você **"acha"** que não vai com a sua cara? Você é simpática com ela? Você se aproxima? Você a convida para ir a sua casa? Você conta as suas confidências? Com certeza não, não é mesmo? E tudo isso porque você achou, entendeu, fez uma leitura de que aquela pessoa talvez não goste de você. Não é assim que fazemos? Sim, nós, porque eu não sou melhor do que ninguém e tenho o mesmo tipo de reação com aqueles que não são simpáticos comigo. É do ser humano. Mas o texto que lemos no início diz:

...no que depender de vós,

Então, segundo o texto, eu posso fazer algo para que isso mude. É possível mudar essa circunstância a partir de uma decisão minha e, principalmente, de uma atitude prática.

É muito provável que, em virtude de fazermos julgamentos preconceituosos, as pessoas que nos cercam nos tratem da mesma forma como as tratamos, e isso, nada mais é do que o nosso reflexo nelas. Sua sogra não está excluída deste grupo.

Excluídos os problemas de ordem interior, se for o caso dela os ter, se ela ainda perceber da sua parte, atitudes, olhares e palavras que denotem que você não deseja se aproximar dela e muito menos ser sua amiga, não tenha dúvida de que será exatamente isso que você irá receber de volta.

Sendo assim, neste momento se faz necessária uma autoavaliação profunda dos sentimentos que estão no nível mais profundo do seu coração. E para que esta autoavaliação seja eficaz, é necessário que você esteja disposta a aceitar o que encontrar como algo verdadeiro. E eu pergunto: você está disposta a fazer isto?

Então, vamos viajar um pouco?

Será que alguma vez você já se permitiu ver, com os olhos da fé, essa mulher, que hoje é alvo do seu repúdio, da sua inimizade e talvez até do seu ódio, completamente transformada? Pare um pouco agora de ler. Feche os seus olhos e tente visualizar você e seu marido, com seus filhos, chegando à casa de sua sogra e sendo recebida com um forte, caloroso e amoroso abraço. E mais, ouvindo dos lábios dela a seguinte frase. *"Que bom que você veio. Puxa, como você está linda!!! Você está com um rostinho de quem está feliz e quando olho para o meu filho vejo a mesma coisa. Que bom que ele escolheu você. Queria muito te ver. Sabe, preciso muito da sua ajuda..."*.

Quando alguém diz que necessita de nossa ajuda é porque esse alguém nos reconhece e aceita submeter-se à nossa liderança na área na qual ele declara que necessita de nós. Isso requer respeito, reconhecimento e amor (amizade).

Você pode visualizar estas coisas? Concorda comigo que seria a situação ideal? Isso não é utopia, creia. O nosso Deus é o Deus que traz à existência aquilo que não existe, diz a palavra.

Sei que tudo o que eu disse até aqui serve tanto para as noras como para as sogras. Não importa de que lado você esteja, você é parte da solução e não do problema. Basta você perguntar ao Senhor.

"Senhor, em que eu preciso mudar? Ajuda-me Deus, pois sozinha não tenho forças. Desejo verdadeiramente ser uma bênção na vida da minha (nora ou sogra) e na vida do meu (filho ou marido). Desvenda os meus olhos, Senhor, em nome de Teu filho Jesus."

Mas a pergunta que fica é: Você está disposta a descer do seu pedestal de razões pessoais e justiça própria? Se hoje o seu relacionamento com sua sogra é difícil, quem é afetado por este estado de coisas? Sabe qual a resposta? Todos. Ninguém fica à vontade quando vocês duas estão no mesmo ambiente. Ninguém relaxa. Todos medem as palavras, os olhares, as atitudes, ao mesmo tempo em que todos estão se observando o tempo todo. Que situação mais desconfortável, não acha? Está na hora de você caminhar na direção das mudanças, na direção das transformações, na direção da restauração, que trará a todos, sem exceção, grande alegria e paz. Deus aguarda de você esses frutos, seja você uma nora ou uma sogra.

> Na verdade, na verdade vos digo que, se o grão de trigo, caindo na terra, não morrer, fica ele só; mas se morrer, dá muito fruto.
> João 12:24

É verdade... É necessário morrermos, morremos para as nossas razões pessoais, para as nossas queixas, para as nossas mazelas, porque só assim daremos os frutos que Deus espera de nós, e mais, não ficaremos isolados, mesmo estando em família, mas seremos como diz a palavra de Deus, bem aventurados.

> BEM-AVENTURADO aquele que teme ao SENHOR e anda nos seus caminhos.
> A tua mulher será como a videira frutífera aos lados da tua casa; os teus filhos como plantas de oliveira à roda da tua mesa.
> Eis que assim será abençoado o homem que teme ao SENHOR
> O SENHOR te abençoará desde Sião, e tu verás o bem de Jerusalém em todos os dias da tua vida
> E verás os filhos de teus filhos, e a paz sobre Israel.
> Salmos 128:1,3-6

Sabe? Eu quero dar um testemunho pessoal. Eu sou muito feliz, pois tenho duas sogras. *"Como assim pastor? O senhor é casado com duas mulheres?"*

Calma!!! Claro que não. Mas como todos podem ler em uma das abas do livro, sou casado com minha esposa Vânia em segundas núpcias. (*só para esclarecer, não digo que sou casado <u>atualmente</u> com Vânia, pois isso dá uma ideia de que se eu fui casado no passado com outra mulher e atualmente sou casado com Vânia, parece que no futuro serei casado com uma terceira mulher. Tá amarrado!!! Estou casado no Senhor até que a morte nos separe*) Voltando ao que eu dizia... Ah! Sim! Duas sogras. Acontece que a mãe da minha ex-mulher, além de ser uma serva de Deus, é uma pessoa maravilhosa, sem falar que ela é a avó de meus filhos e a bisavó de meus netos (em breve). Por isso, eu ainda a considero de uma forma muito especial. Obviamente não poderia deixar de mencionar a mãe de minha esposa, a qual também é uma serva de Deus e bênção na minha vida. Aliás, se hoje estou vivo e escrevendo este livro, foi graças a esta mulher, a quem Deus usou para descobrir um câncer em mim a tempo de ser tratado. Glória a Deus. Mas esta é outra história.

Para concluir, gostaria que você meditasse neste texto da palavra de Deus.

> *Disse Noemi às suas noras: Ide, voltai cada uma à casa de sua mãe; e o SENHOR use convosco de benevolência, como vós usastes com os falecidos e comigo. Então levantaram a sua voz, e tornaram a chorar; e Orfa beijou a sua sogra, porém Rute se apegou a ela. Por isso disse Noemi: Eis que voltou tua cunhada ao seu povo e aos seus deuses; volta tu também após tua cunhada.*
> *Disse, porém, Rute: Não me instes para que te abandone, e deixe de seguir-te; porque aonde quer que tu fores, irei eu, e onde quer que pousares, ali pousarei eu; o teu povo é o meu povo, o teu Deus é o meu Deus*

> *Onde quer que morreres morrerei eu, e ali serei sepultada. Faça-me assim o SENHOR, e outro tanto, se outra coisa que não seja a morte me separar de ti.*
> **Rute 1:8, 14-17**

Esta é uma história que todos conhecemos. Se por acaso você não conhece a história de Rute e Noemi, pegue uma Bíblia e leia no Livro de Rute o primeiro capítulo, ou melhor, leia o livro todo, vale a pena. Mas, prosseguindo, esta é uma história que nos emociona. O apego de uma nora à sua sogra.

Não quero e nem irei narrar a história outra vez, mas desejo refletir apenas em um ponto. O que diferencia Rute de Orfa, a outra nora? Apenas duas coisas, escolha e decisão. Rute escolheu amar aquela senhora que agora não tinha nem marido e nem filhos, pois todos haviam morrido. Nessa relação Noemi passou a atuar quase que como mãe de Rute, porque elas voltaram para a terra de Noemi e ali dependiam da caridade alheia para sobreviverem. É sem dúvida uma história muito linda e o seu desfecho mais lindo ainda, comprovando que Deus é fiel.

Em nenhum momento desejo menosprezar a situação em que você se encontra hoje no que tange ao seu relacionamento com sua sogra/nora, porém, não posso deixar de lhe dizer algumas palavras sobre isso, pois senão eu não estaria cumprindo aquilo para o qual fui chamado por Deus para fazer.

Mude o seu foco, não olhe mais para a carne, porque ela é fraca mesmo, assim como a sua e a minha são. Levante os seus olhos e clame ao Senhor, pois Ele ainda não concluiu a Sua obra em sua vida. Tudo o que você vive hoje pode ser mudado e todo o fardo removido.

Para que isto aconteça basta que você creia em Deus e tome uma atitude segundo a orientação do Seu Santo Espírito.

Todos serão abençoados por sua decisão e atitude. Que para tanto Deus te fortaleça e te use.

Portanto, tudo o que vós quereis que os homens vos façam, fazei-lho também vós, porque esta é a lei e os profetas.
Mateus 7:12

CAPÍTULO 6

SEI QUE ELE TEM OUTRA...
POR QUÊ? OLHE PRA MIM!!!
ESTOU ENVELHECENDO!

> E o segundo, semelhante a este, é: Amarás o teu próximo como a ti mesmo.
> Mateus 22:39

Você pode estar pensando o que este texto tem a ver com este assunto. Bom, eu diria que tudo! Uma mulher que tem a certeza da infidelidade do marido, ainda que sem provas concretas, e que apresenta como motivo de sua convicção o fato de estar experimentando o passar dos anos em sua vida e aparência, está indo contra este mandamento de Deus para nós, que a palavra nos apresenta como sendo o segundo mais importante. Como assim? A Bíblia nos coloca como condição de amar o outro, amar a si mesmo, ou seja, se eu não me amo como posso amar os outros? Eu não posso dar aquilo que não tenho.

Uma das estratégias de satanás para destruir um casamento é tentar levar um dos dois cônjuges a deixar de se amar, a olhar para si mesmo com autopiedade, com um sentimento autodepreciativo. É tentar convencê-lo de que ele não tem os atributos necessários para ser amado pelo outro e que, na verdade, o outro nem deveria estar com ele, mas sim, com alguém mais interessante, mais simpático, mais atraente e mais bonito.

Será que eu descrevi você? Será que hoje, quando você se olha no espelho, o que vê é uma mulher sem graça, desajeitada, velha e triste? Então é aí que o inimigo se aproxima para alimentar todo tipo de pensamento que possa te empurrar cada vez mais para baixo, para o fundo, para a cova.

Preciso abrir os seus olhos em relação a uma coisa extremamente importante para nós, homens. Quando temos ao nosso lado uma mulher (esposa) que sempre está alegre, que na maioria das vezes olha pra cima e poucas para baixo, que sempre se esforça em nos animar, mesmo quando as coisas estão difíceis, seja em que área for, e que, principalmente, cuida da sua aparência como um todo, não para tentar ser bonitona e "gostosona" (desculpe a franqueza) como a atriz da novela de TV, mas sim para mostrar o que ela tem por dentro, ou seja, vida e vida em abundância, pois ela se alimenta diariamente de uma fonte inesgotável de vida, que é o Senhor Jesus, sentimos um enorme orgulho de tê-la ao nosso lado. E para ser sincero, o que tem o menor peso dentro de todo esse conjunto é a beleza exterior. O que torna uma mulher bela, na verdade, é o seu interior, pois o seu exterior é apenas o reflexo de tudo o que há dentro dela.

O coração alegre aformoseia o rosto, mas pela dor do coração o espírito se abate.
Provérbios 15:13

Conheço mulheres lindíssimas por fora, mas que por dentro são como um esgoto, não há nada que se possa aproveitar, pois a sua prioridade é apenas com o exterior.

Você já reparou que muitas mulheres de TV que hoje estão em evidência por serem tão bonitas e terem corpos esculturais, que estão em todas as revistas masculinas e em várias capas de outras revistas, depois de alguns anos desaparecem por completo? Não apenas isso, na verdade nunca mais se ouve falar delas. E quando algum repórter resolve pesquisar para ver onde andam algumas delas, o que ele encontra é uma mulher bem mais gorda, flácida e envelhecida, e quase que invariavelmente, pobre. Todo seu estrondoso "sucesso" estava baseado apenas em sua aparência física. E por que não prosseguiram na mídia?

Porque não tinham nenhum conteúdo. Hoje, esquecidas e infelizes, tentam refazer suas vidas de alguma forma. Conheço, porém, a história de algumas dessas mulheres que mesmo após viverem todas essas experiências, hoje são extremamente felizes, pois em sua caminhada conheceram a Jesus, o autor da vida.

Talvez você possa pensar que eu não compreendo o quanto é importante para uma mulher a questão da aparência, da beleza, da vaidade. Engano seu, amada, sei perfeitamente como isso é importante para vocês, porém sei também o que a Bíblia diz quanto a essas e outras coisas.

Por exemplo, o que Deus disse ao profeta Samuel quando o enviou para ungir um dos filhos de Jessé como rei de Israel? Samuel ficou impressionado com a beleza de Eliabe e a sua estatura e estava convicto de que este era o escolhido por Deus para ser ungido rei em Israel. No entanto, o que ele ouviu de Deus foi o seguinte:

> *Porém o SENHOR disse a Samuel: Não atentes para a sua aparência, nem para a grandeza da sua estatura, porque o tenho rejeitado; porque o SENHOR não vê como vê o homem,* **pois o homem vê o que está diante dos olhos, porém o SENHOR olha para o coração.**
> *(grifo do autor)* I Samuel 16:7

Será que o que realmente importa é aquilo que vemos num espelho?

Quando ando pelas ruas da zona sul da nossa cidade, uma área onde vivem os mais abastados da sociedade, vejo muitas mulheres que, nitidamente, fizeram pelo menos uma cirurgia plástica.

Não posso deixar de comentar que, infelizmente, algumas, na procura de um rosto sempre jovem, tornaram-se com o passar dos anos, verdadeiros monstros. Mulheres que de tanto repuxarem a pele com seguidas cirurgias, ficaram tão deformadas que, hoje, suas fisionomias até nos amedrontam.

Lembra-se do capítulo em que abordei a ditadura da moda? Poderíamos dizer que também existe a ditadura da beleza ou da juventude eterna. E quantas mulheres tornaram-se vítimas dela?

Talvez você tenha chegado à conclusão de que seu marido tem outra mulher em virtude de ter aceitado em sua vida a influência dessa ditadura.

As mulheres, todos nós sabemos, são implacáveis umas com as outras no que se refere à aparência, ao vestir-se, por exemplo. É fácil perceber isso. Vocês pensam que nós homens não notamos nada, não é mesmo? Na verdade, não é bem assim não. Basta observar vocês em um casamento. Como vocês olham umas para as outras. Como cada uma analisa o vestido da outra. E se por um infeliz acaso duas mulheres escolhem o mesmo modelo para irem à mesma festa de casamento... É a morte!!! A noite acabou e não seria de admirar que uma delas, ou até mesmo as duas, fossem embora da festa para não viver esse constrangimento e de preferência, bem longe uma da outra.

Talvez o seu marido não seja aquele tipo de homem que tenha facilidade em dizer o que sente, mas, por que você não se senta com ele um dia para, numa conversa sincera, perguntar-lhe o que ele vê de bom em você? Defeitos todos nós temos. Se você não sabia fique sabendo que nenhum de nós tem um lado do corpo igual ao outro. Eu mesmo, por exemplo, tenho uma perna mais curta que a outra. Ninguém percebe, nem eu, mas tenho. E eu pergunto qual a importância disso na minha vida? Qual a importância disso para a minha esposa? Qual a importância disso para Deus? **Nenhuma!!!** Sabe por quê?

...porque o SENHOR não vê como vê o homem,...

Está na hora, mulher, de você começar a enxergar a beleza que há em você. Não deixe esse pilantra, que é satanás, lhe enganar dizendo que você está ficando velha e que por isso o seu marido não a ama mais e nem se interessa mais por você. Mentira. Faça o seguinte: ao terminar a leitura deste livro, ou mesmo deste capítulo, vá a uma loja de roupas íntimas e compre umas roupas novas e bem "quentes" para surpreender o seu maridão. Faça uma maquiagem discreta, mas bem provocante e coloque um perfume bem gostoso. Mais tarde, depois do jantar, depois da novela, depois do jornal, depois de tudo, ou quem sabe, antes de tudo, leve-o ao quarto, feche a porta e apresente a ele essa nova mulher. Aquela velha que se olhava no espelho e ficava choramingando, para a glória de Deus, morreu!!!

Não se esqueça que, quando a Bíblia diz algumas coisas, a sua abrangência é bem maior do que podemos imaginar.

Portanto, como você leria agora o texto abaixo?

> *Assim que, se alguém está em Cristo, nova criatura é; **as coisas velhas já passaram**; eis que **tudo se fez novo**.*
> *(grifo do autor) II Coríntios 5:17*

Quando Cristo entra em nossa vida, tudo se faz novo. Nosso casamento, nosso amor-próprio, nosso ânimo e nossa autoestima vão lá para cima, porque o Senhor é quem faz isto.

Pense nisto. Está na hora de você amar mais a si mesma, cuidar mais de si mesma, de ir mais ao cabeleireiro, manter as unhas feitas, estar sempre com uma maquiagem básica no rosto e por que não um vestidinho, de vez em quando, mais justinho, ou mais curtinho (para usar apenas em casa, hein!!!) para esperar a chegada do maridinho.

Você tem tudo isso, está aí dentro de você!!! Você é tudo isso, Deus te fez assim!!! Basta apenas usar e as coisas acontecerão, e mais, o fantasma da "outra" desaparecerá definitivamente de sua vida, amém!

Então vá em frente!!! Levante-se e conquiste essa batalha, pois a vitória o Senhor já lhe deu.

Tenho plena certeza de que a visão de si mesma mudou e sei que a partir de agora sua postura será completamente diferente, pois só podemos alterar situações em nossas vidas enquanto estamos vivos e esse é o ponto, você está viva para viver a vida que Deus tem te dado.

De que irá adiantar se eu der ouvidos às mentiras do diabo a meu respeito? Apenas um tem a verdade para mim e é Aquele que disse *"Eu sou o caminho, a verdade e a vida..."* creio que o Espírito Santo convenceu você de quão bonita você é e que os anos passarão para todos, mas que o mais importante é que a alegria, a amizade, a cumplicidade, o desejo e o amor de um pelo outro não podem envelhecer. Sendo assim, eu posso imaginar o que vai acontecer em seu casamento e por isso eu já posso gritar:

Glória a Deus!!!

Às solteiras ou para aquelas que estão namorando com a intenção de casar, deixo um alerta. Não permitam que os seus relacionamentos se baseiem na atração pela beleza física, nem sua e nem dele, pois se você não consegue encontrar algo dentro de si ou dentro dele que tenha valor e beleza em si mesmo, alguma coisa está errada e este relacionamento está fadado ao fracasso. Perdoe-me, não estou amaldiçoando o seu relacionamento, mas já vi esta história se repetir muitas vezes. Homens e mulheres que se uniram apenas por uma motivação.

> *"Minha namorada era muito bonita e atraente e isso me trazia certo orgulho diante das pessoas, ou seja, quando eu passava com ela todos os outros homens ficavam olhando e morriam de inveja."*

Mas o sentimento que na verdade existia era como o de uma criança que tem um brinquedo que as outras crianças desejam e não podem ter. Só que não se pode entrar em um casamento baseado em sentimentos infantis. Porque o tempo vai passar e o casamento será posto à prova. E como ele suportará a prova do envelhecimento, a prova do tempo? Se é que conseguirá chegar até lá.

Eu sei moça, que hoje o mundo tenta empurrar "goela abaixo" das mulheres que a aparência é tudo. Como percebo algumas mulheres sofrendo porque a sociedade prega que mulher bonita é mulher magra e aquelas que não são magras segundo o padrão exigido, acabam entrando em depressão e se sentindo rejeitadas.

É bem verdade que o homem é atraído pelo que vê, mas se você escolher se unir a um homem que se aproximou de você somente pelo que ele viu externamente, o seu casamento será tão oco e vazio quanto este homem.

Pode ser que dê mais trabalho e leve um pouco mais tempo, mas vale a pena procurar alguém que conheça você por dentro e se apaixone pela pessoa que realmente você é.

Não se apresse! Onde está escrito que você tem prazo determinado para se casar e onde está escrito que você tem prazo determinado para ser feliz?

Quando a Bíblia diz que Deus tem o melhor desta terra para nós é a mais pura verdade. Porém a Bíblia não está falando de quantidade, como pensam muitos, mas principalmente de qualidade. E para receber o melhor desta terra há um "se". Observe:

Se quiserdes, e me ouvirdes, comereis o melhor desta terra.
(grifo do autor) Isaías 1:19

Deus não lhe obriga a nada, você precisa querer e, principalmente, obedecer ao que Deus irá dizer.

Muitas mulheres partilham suas intimidades com amigas por acreditarem que elas sejam as melhores conselheiras de suas vidas, e pior, muitas tomam decisões importantíssimas em cima de um conselho dado por alguém que não tem a menor condição de aconselhar ninguém e que muitas vezes tem a própria

vida completamente desorganizada ou até mesmo destruída.
Sabe qual é um dos nomes pelo qual o Senhor Jesus é chamado?

"MARAVILHOSO CONSELHEIRO"

Preciso dizer mais alguma coisa? Tudo o que eu e você necessitamos em termos de orientação e conselhos, Ele tem. E os seus conselhos não nos trazem frustrações e decepções, mas sempre nos conduzem a um porto seguro.

> Mas graças a Deus que nos dá a vitória por nosso SENHOR Jesus Cristo.
> I Coríntios 15:57

Minha amada, não tenha a menor dúvida de que o melhor desta terra, o homem que você tanto espera para completar a sua vida, está nas mãos do Pai. Eu creio que poderia até mesmo dizer que ele está na palma da mão do Senhor e que dentro em breve o Senhor irá virar a Sua mão sobre a sua vida e lhe abençoar abundantemente.

Minha última palavra para você neste capítulo é apenas uma e não é minha, mas Dele.

CRÊ SOMENTE!!!

"O espelho tem por objetivo apenas mostrar as nossas falhas aparentes, para que possamos escondê-las com uma maquiagem, mas jamais será capaz de mostrar o tesouro que há dentro de nós, pois este só pode ser revelado através da convivência e somente os que nos amam é que o encontram".

CAPÍTULO 7

O PROBLEMA??? É APENAS UM... EU GANHO MAIS DO QUE ELE!

> *E todos os que criam estavam juntos, e **tinham tudo em comum**.*
> *(grifo do autor) Atos 2:44*

Este é um problema presente na vida de milhares de casais e aqui no Brasil não é diferente. Só que temos um agravante, porque somos e vivemos em uma sociedade, em sua grande maioria, machista.

Como é difícil para o homem brasileiro aceitar que a sua mulher trabalhe e ganhe um salário maior do que o seu.

Em alguns casos, já é difícil o homem concordar que a esposa trabalhe, quanto mais que ela receba um salário maior do que ele.

Quando somos crianças, nós, meninos, aprendemos como parte de nossa educação, um princípio de que o homem tem de trabalhar para prover o sustento da família, ou seja, é através do trabalho do homem que a família tem de ser sustentada. Simples assim. E por incrível que pareça muitas vezes esse princípio é ensinado pela mãe e não pelo pai.

O mundo, porém, foi progredindo, evoluindo, ou talvez em alguns aspectos, regredindo. Novos conceitos foram surgindo. Revoluções, protestos, movimentos, guerras, divisões, etc. O divórcio foi ganhando força na sociedade e por fim foi legalizado. Isto, para muitas mulheres, foi uma conquista em virtude de viverem casamentos de aparências há muitos anos e poderem finalmente se ver livres de seus fardos.

Porém, isto gerou outra consequência: as mulheres precisavam trabalhar para se sustentarem. Então o mercado de trabalho começa a ganhar, com mais intensidade, uma mão de obra até então não tão requisitada e nem tão pouco aceita. Começa então a acontecer, veladamente, uma disputa entre homens e mulheres, e como eram os homens que detinham os cargos de chefia na maioria das empresas, as mulheres começaram a ser discriminadas e lhes eram designadas as menores e menos importantes funções, uma vez que sempre se acreditou que a mulher é menos capaz do que o homem e mais "fraca".

Mas como eu disse, o mundo continuava sua marcha rumo ao futuro. Futuro esse que guardava muitas surpresas e mudanças.

Mulheres começaram a buscar profissões anteriormente comuns apenas aos homens. Advogadas, engenheiras, arquitetas, administradoras de empresas, biólogas, cientistas, médicas, dentistas e etc. começaram a se formar em toda a nação.

De repente, começamos a ver as mulheres ocupando lugares outrora de domínio apenas masculino. Como tudo na vida, aos poucos, o mercado foi se acomodando e se adequando à presença feminina em seu cenário. Hoje é mais do que normal vermos mulheres em quase todos os segmentos. Motoristas de ônibus, motoristas de táxi, garis, jornaleiras, porteiras de edifícios, policiais militares e civis, como também, executivas de grandes empresas, juízas, desembargadoras e até como presidente em algumas nações. Bem, o mundo até que se adaptou bem a essas mudanças, mas há um lugar em todo o mundo onde essas mudanças ainda não foram bem absorvidas, ou seja, dentro de casa.

Finalmente, depois de uma extensa e necessária introdução, chegamos ao assunto principal do nosso capítulo.

O sucesso profissional de muitas mulheres tem se tornado o principal motivo para o fracasso de muitos casamentos.

Por que eu trouxe o texto de *Atos 2.44* como base bíblica para a nossa reflexão? Talvez você possa estar pensando que esse texto não tem relação com o assunto, mas vou lhe provar que tem. A história da igreja primitiva narrada no livro de Atos pode não ter a ver, mas o princípio espiritual do texto tem.

> *E todos os que criam estavam juntos, e tinham tudo em comum.*
> **Atos 2:44**

A primeira informação que o texto nos traz é:
E todos os que criam estavam juntos...
Em primeiro lugar, esse deve ser o princípio adotado por um casal, principalmente se forem cristãos. Se creem, estão juntos, unidos por esta fé.

Quando cremos em Deus e na Sua palavra, tudo no mundo fica em segundo plano. Mas tudo mesmo. Porque aquilo que Deus tem para nós supera qualquer coisa que por nosso esforço ou capacidade possamos conseguir.

Muitas pessoas estudam muito, para não dizer a vida inteira. Formam-se e continuam estudando, não que isso seja pecado, de jeito nenhum, mas muitas vezes o conhecimento traz consigo um elemento agregado, o sentimento de autossuficiência, e, em alguns casos, a soberba e o orgulho.

> *ORA,... O saber ensoberbece, mas o amor edifica.*
> **I Coríntios 8:1b**

Quando nos sentimos autossuficientes, uma das consequências é que as pessoas que estavam ao nosso redor começam a se afastar, porque começamos a demonstrar, inconscientemente, que não precisamos mais delas. E isso acaba também afetando o nosso relacionamento com Deus. Quando sei muito e adquiro cada vez mais conhecimento, já não tenho mais tanto prazer em conversar com o meu amigo de infância que, talvez, não tenha tido a mesma oportunidade de estudar que eu tive e por isso o nível de diálogo dele está abaixo do meu. Ele só sabe conversar sobre coisas simples. Então, gradativamente eu me afasto.

Dentro do casamento, a única possibilidade de um casal estar e permanecer unido, mesmo que a esposa tenha tido uma evolução profissional maior do que o marido é se os dois permanecerem em Cristo.

A igreja primitiva entendeu esse conceito e o seguiu à risca. Pense bem, gente de todo o tipo e posição na sociedade estava conhecendo uma nova mensagem trazida por um homem desconhecido, mas que curava qualquer doente, ressuscitava os mortos e confrontava a liderança religiosa da época, mostrando o quanto ela era hipócrita.

A igreja percebeu que a única maneira de estarem e viverem juntos seria praticar aquilo que aquele homem, chamado Jesus, os ensinara, ou seja, *amai-vos uns aos outros.*

Alguns casais, nos dias de hoje, vivem de uma forma tão individualista dentro de casa que, inevitavelmente, acabam surgindo brigas.

Não posso conceber, e você pode discordar de mim, que marido e mulher digam, um para o outro, coisas do tipo:

"Eu tenho o meu dinheiro e você tem o seu!"
"Eu comprei o meu carro com o meu dinheiro, por isso eu faço o quiser com ele".
"O dinheiro é meu e ninguém vai me dizer o que fazer com ele, nem você!"

Você já ouviu alguém dizer algo parecido ao marido? Ou, quem sabe, você mesma já disse isso a ele alguma vez?

A outra parte do texto base diz:

...e tinham tudo em comum.

Um dos pensamentos de muitas mulheres ao se casar, ou melhor, antes mesmo de se casar, é que se vierem a se separar precisam garantir que o marido não tenha acesso aos seus bens. Impressionante o que eu acabei de dizer, não é mesmo? Mas é verdade.

Muitas mulheres influenciadas pela mídia, por amigas, por parentes, e, normalmente, por pessoas que tiveram seus casamentos destruídos, entram em um casamento já esperando que ele venha a acabar algum dia e por isso precisam desde já se prevenir. Algumas casam com separação total de bens, outras fazem um contrato pré-nupcial deixando bem claro que o marido não tem direito a nenhum bem adquirido por ela, e por aí vai. Então eu pergunto: Algum dia isso foi um casamento? Nunca! Porque o princípio de um casamento genuíno é o mesmo que a igreja primitiva seguia, ter tudo em comum, mas isto também só pode ser vivido quando Jesus é o Senhor dos dois.

Lembra-se do que lemos há alguns capítulos atrás, acerca da liderança do homem dentro do lar? Claro que sim. Mas como fazer numa situação dessas, em que a mulher ganha muito mais do que o marido? Como ele pode exercer a liderança, se ele se sente humilhado por receber menos que a esposa?

Mais uma vez desejo evocar o texto que abordei na introdução deste livro.

> *"A mulher sábia edifica a sua casa, mas a tola com as próprias mãos a destrói".*
> Provérbios 14:1

Eu havia dito que este texto, na verdade, é muito mais profundo do que parece e que alguns o usam de forma inadequada. A sabedoria da mulher passa por aí também. Eu disse que somente em Cristo é possível manter uma relação perfeita de amor e unidade mesmo havendo diferenças. E a diferença financeira não é exceção.

Você, mulher, sendo sábia e usando da sensibilidade com a qual Deus lhe dotou, pode ajudar a seu marido a ser o cabeça do lar, mesmo ele recebendo menos que você, se a sua atitude dentro de casa for espiritual e bíblica. Se você continuar a ser submissa a ele dentro do contexto bíblico. Já falamos sobre isso.

Em nenhum lugar do mundo está provado que quem tem mais dinheiro deve ser o líder de um grupo. Ninguém se torna mais capaz pelo simples fato de ganhar mais dinheiro do que outra pessoa. Isso é um grande engano. E eu já presenciei situações em que pessoas tentavam humilhar a outras pelo fato de ter uma situação financeira mais abastada.

Você já ouviu alguém dizer um absurdo do tipo:

– *Você sabe com quem está falando?*

Pois é... Pessoas como essas têm a necessidade de ser reconhecidas pelo que têm e não pelo que são. Que triste, não? Pessoas vazias e solitárias e que têm ao redor de si, normalmente, aqueles que estão apenas interessados em seu dinheiro e no que elas podem oferecer. Basta irmos para a parábola do filho pródigo. Enquanto ele tinha muito dinheiro, ele tinha muitos "amigos", mas quando acabou o dinheiro, os "amigos" também sumiram.

O dinheiro, eu creio, é uma bênção de Deus quando ocupa apenas o seu lugar. Mas se o seu foco for apenas ganhar mais e mais dinheiro e todo o seu esforço, o seu tempo, a sua energia e a sua atenção estiverem voltados para este propósito, sem dúvida, alguém pagará por isto, e provavelmente será o seu casamento e as pessoas que estão próximas (marido e filhos).

Vale a pena trabalhar tanto? Vale a pena se doar tanto por uma empresa ou por alguém, no caso, o dono da empresa, que provavelmente nem sabe que você existe e talvez nunca saiba? Entenda, eu não sou contra que a mulher trabalhe, pelo contrário, mas sei que o sucesso profissional é uma faca de dois gumes. Ele pode nos levar a uma tão desejada realização como também a uma grande destruição, por mais paradoxal que possa parecer.

Não há problema nenhum em você ganhar mais do que seu marido, se você souber mantê-lo no lugar em que Deus o colocou.

Como disse, ser o cabeça não é ganhar mais do que outro, mas obedecer ao que o Senhor designou para nós, homens, e principalmente, andar como Cristo andou e amar a esposa como Cristo amou a igreja e a si mesmo se entregou por ela.

Nunca o valor dos salários pode ser, ou deve ser motivo de conflitos, porque entre marido e mulher não existe o meu e o seu dinheiro, mas o nosso. E quando digo o nosso, estou propositadamente envolvendo os filhos nisso, pois se o dinheiro da esposa é só dela e o do marido é só dele, quem tem a responsabilidade de suprir a necessidade dos filhos?

Na verdade, aquilo que Deus dá a vocês no final do mês é para a bênção de todos que moram debaixo do mesmo teto, amém???

Está em suas mãos, amada, fazer com que seu marido seja participante de sua vitória como profissional e ao mesmo tempo se sinta o cabeça da família.

Talvez seja difícil para você também assumir esta postura de submissão, mas se for este o caso, vá para a cruz e converse com Jesus. Converse com alguém que escolheu abandonar a posição de Deus para se tornar igual a nós, não para ser aplaudido, mas sim para ser humilhado, chicoteado e escorraçado por todos.

Converse com Jesus acerca de possíveis altares que você possa estar levantando em seu coração. Ele é o único que lhe conhece no mais profundo. Ninguém pode falar com você acerca de você mesma a não ser o Senhor Jesus.

Procure o Maravilhoso Conselheiro e tenha uma longa conversa com Ele.

Se a sua visão e a do seu marido for a mesma da igreja primitiva, (*e tinham tudo em comum*), você pode ter certeza de que haverá unidade entre vocês e respeito também. Mais do que isso, O seu marido se sentirá orgulhoso da esposa que tem e pelo sucesso profissional que alcançou.

A presença do Espírito Santo em um casamento elimina toda possibilidade de competição e rivalidade. Principalmente porque os nossos olhos não estão voltados apenas para o que é material, mas para o que é essencial.

Lembre-se que a soma dos valores auferidos por vocês dois mensalmente, é para a manutenção de sua casa e da estrutura familiar que vocês têm (alimentação, transporte, educação, vestimentas, saúde e habitação). Neste contexto, a visão financeira familiar fica muito mais fácil e sem o peso de quem deve pagar o quê.

Concluindo, no final do mês o nosso dinheiro vem para nos abençoar.

Não permita nunca que o fato de você receber um pouco mais, ou muito mais do que o seu marido, mude a sua visão do "nosso". Não acredite na premissa do mundo quando diz que quem tem mais, pode mais. Isso é uma mentira.

Saiba, amada, que a sua sabedoria irá ajudar e muito nesse momento, pois você pode contribuir para que o equilíbrio emocional, financeiro e estrutural seja mantido.

Quero, porém, deixar claro que tenho total consciência de que a sua posição é extremamente desconfortável e que esta missão que lhe entrego é de grande complexidade. Mas há outro texto maravilhoso na palavra de Deus que desejo compartilhar com você.

> *Eis que eu sou o SENHOR, o Deus de toda a carne; acaso haveria alguma coisa demasiadamente difícil para mim?*
> *Jeremias 32:27*

Deus lhe abençoe.

CAPÍTULO 8

LÁ EM CASA A PALAVRA FINAL É SEMPRE DO MEU MARIDO: "SIM QUERIDA!"

> MEU AMOR, VOCÊ PODE VIR AQUI, POR FAVOR?!

> SIM, QUERIDA! ASSIM QUE EU LIMPAR A CASA E PASSAR A ROUPA!

Vós, mulheres, sujeitai-vos a vossos maridos, como ao SENHOR;
Efésios 5:22

Certamente algumas mulheres, ao lerem o verso acima, devem estar rindo por dentro. Como sujeitar-se a um homem que o tempo todo tem uma atitude submissa à sua mulher? Como fazê-lo entender que é ele o cabeça do lar e não a mulher?

Como poderíamos avaliar essa situação que hoje, na verdade, é uma realidade em milhares ou talvez em milhões de lares em todo o mundo?

Como tudo na vida, penso que deveríamos começar pelo início (desculpe a redundância). Mas qual é o início de tudo isso? Quando foi que ele começou a se comportar assim?

Minha amada, os padrões que nós, homens, adquirimos para a vida são formados e estabelecidos em nossa infância. Salvo algumas exceções, o lar, a família, os pais e aqueles com quem nos relacionamos em nossa tenra infância é que irão influenciar diretamente em nossos valores pessoais para os relacionamentos que desenvolveremos.

Conheço um casal cuja esposa nasceu e foi criada em um lar em que a voz dominante era a da mãe e a voz dominada a do pai. Durante toda a sua infância e adolescência as cenas que ela presenciou no relacionamento entre seus pais eram a de um homem totalmente submisso e por que não dizer, até mesmo amedrontado em alguns momentos diante de uma esposa dominadora.

Infelizmente essa mulher, ao casar-se, uniu-se a um homem que, assim como o seu pai, também era submisso.

Ele é um rapaz muito bom, amoroso, trabalhador, sem vícios, mas, também sem atitudes, sem liderança e sem domínio na família. Qual foi a consequência disto? Hoje eles estão separados. Ele sofreu muito, assim como ela também, sem falar na filhinha deles.

Essa história poderia ser diferente? Com certeza sim.

Mas o que eu quero ressaltar é que a mulher pode influenciar e contribuir muito para a restauração de um casamento como esse. A esposa pode ser um instrumento nas mãos de Deus para trazer o equilibro ao lar.

Como assim? De que forma uma mulher que vive essa realidade pode transformar esse quadro?

Em primeiro lugar, creio, é necessário largar a capa de juiz, com a qual muitas vezes nos vestimos.

A tendência humana é sempre procurar e eleger um culpado para esse estado de coisas.

- Ah! Essa mulher é a culpada. Com certeza deve ser uma pessoa insuportável!!! Para mim deve ser uma mulher arrogante e soberba!!! Não há a menor dúvida de que esse homem deve sofrer muito nas mãos dessa megera!!!

- Um banana como esse!!! Que mulher aguenta? Um homem assim só pode ser filhinho da mamãe!!! Vai ver que no fundo é um covarde!!! Coitada!!! Ter que carregar esse fardo durante toda a vida!!!

Você já ouviu alguém dizer algo parecido? Ou será que você mesma já disse algo assim? Pois é... Nós somos assim. Somos implacáveis, inflexíveis, intolerantes e muitas vezes sem nenhuma misericórdia ou compaixão. Por que eu digo isso? Porque ninguém casa para separar-se. Todos os que se casam, pelo que me consta, desejam ser felizes e ter uma família linda e abençoada. E eu tenho certeza de que você não é exceção. Mas acontece que não existe fábrica de maridos e nem de esposas.

Quando um casal se casa e os dois nunca tiveram um relacionamento antes, tudo o que eles irão viver será novidade para os dois. Cada experiência nova, cada prazer novo, cada descoberta nova, tudo enfim, eles irão experimentar juntos. Só que neste caminhar, também surgirão os problemas, as dificuldades, situações não previstas, inesperadas. Situações essas que exigirão uma tomada de atitude por parte do cabeça do casal.

Quem??? Pastor o Senhor pode repetir essa parte que eu não ouvi direito? Cabeça do casal??? O senhor não está entendendo. O cabeça do casal aqui em casa sou eu pastor!!! Maria das Couve Pimenteira e Silva, ao seu dispor!!!

Bom... Disto nós já sabemos e sabemos também que esta não é a situação mais confortável para você. Sabemos que nenhuma mulher, quando se casa, tem em mente que terá de dirigir e administrar o lar, o casamento, os filhos e até mesmo o marido. Por isso quando essa situação começa a acontecer, a dor é muito grande e a decepção também, porque o príncipe está se transformando, não em um sapo, mas digamos que talvez em um mordomo, pois tudo o que ele sabe dizer é: *"Sim, madame"*.

Bem, até aqui eu falei, falei, falei, mas eu sei que você está ansiosa por ouvir algo prático que possa ser aplicado em sua vida, não é mesmo? Bom, então vamos lá. Está preparada???

A questão é simples. Seu marido não é o cabeça porque nunca aprendeu a ser o cabeça. Então o que ele precisa é de um curso intensivo de como estar à frente de uma família, conduzindo, decidindo e dando a direção em muitos momentos. Porém, ele precisa saber que não está só e não apenas isso, ele também precisa saber que não deixará de ser amado ou será rejeitado se por acaso vier a tomar alguma decisão equivocada.

O fato de muitos homens hoje não conseguirem ser o cabeça em sua própria casa, deve-se a que cresceram tendo sempre consigo o medo de tomar decisões em função de uma coisa apenas, a rejeição.

Digo isto porque eu mesmo experimentei isso em minha vida. Muitas vezes tive receio de fazer uma escolha, de dar uma direção, de conduzir, simplesmente pelo medo de escolher errado e, interiormente, isso produzia em mim a sensação e expectativa de que eu seria rejeitado ou até mesmo me amariam menos por causa da escolha que fiz.

Pode falar!!! Ridículo, não é mesmo??? Sim, para quem está de fora chega a ser ridículo, mas para quem está vivendo essa situação, é terrível. E o que acontece, invariavelmente, é que esta pessoa, (e isto também se aplica a algumas mulheres) se submeterá a todos com quem ela se relacionar, seja sentimentalmente, profissionalmente ou em qualquer outra área da vida.

O que fazer então? Simples. Ele precisa aprender e você pode ajudá-lo muito neste aprendizado. Mas isto vai requerer de você paciência e amor, muito amor.

Sabe o que podemos fazer com nossos filhos, quando estão na idade da pré-adolescência, para que eles não experimentem este tipo de sentimento quando forem adultos? Em algumas ocasiões que sairmos para tratar de algo do interesse deles, por exemplo, a compra de algum instrumento ligado à educação, ou de uma roupa, ou se temos que resolver alguma coisa na escola, se possível devemos envolvê-los na decisão, na solução do problema. É importante que eles saiam daquele lugar sentindo-se responsáveis pela solução encontrada. Isso fortalece o seu caráter, sua autoconfiança e a sua personalidade.

Pois eu digo que você pode, sutilmente, envolver o seu marido da mesma forma. Isso requer paciência e muito amor, e sei que, hoje, muitas mulheres não estão dispostas a gastar do seu tempo com isso. É mais fácil assumir logo o controle e decidir o que tem de ser decidido. Concordo, realmente é mais fácil, mas será o mais sábio? Será o melhor para todos?

Quando você escolhe caminhar junto dele e conduzi-lo discretamente, sem ele perceber, a tomar decisões diante de tudo o que for surgindo, mais cedo ou mais tarde, você verá o seu marido tomando decisões mais importantes sem até mesmo lhe consultar. Principalmente porque ele sabe que tem alguém ao seu lado apoiando-o totalmente em todas as suas decisões e não apenas apoiando como também participando com ele na pré-avaliação de cada situação.

Então, antes de você achar que o seu marido é um "banana", pare um pouco e reflita que dentro desse "banana" pode existir um grande "leão", tímido por enquanto, mas lá dentro, real, presente, esperando por sua ajuda para que possa sair desta caverna em que foi colocado há muitos anos.

Eu tenho a certeza de que em breve você não mais ouvirá um: *"Sim querida"*, como antigamente, mas um abençoado e encorajador: *"Vamos meu amor, eu lhe mostrarei o que fazer"*.

Que tal? Assim não é muito melhor? Pois então, mulher, corra atrás do seu alvo, porque é possível e está ao seu alcance.

CAPÍTULO 9

O QUE EU MAIS GOSTO NA VIDA? AH... DO MEU MARIDO E DO CARTÃO DE CRÉDITO DELE... CLARO!!!

> *Porque Deus não nos deu o espírito de temor, mas de fortaleza, e de amor, e de* **moderação**.
> *(grifo do autor)* II Timóteo 1:7

Este tema pode até parecer engraçado, mas saiba que este "tema engraçado" tem destruído alguns casamentos por aí e garanto que nenhum dos cônjuges tem vontade de rir quando tudo acaba.

É óbvio que irei chamar a sua atenção para a palavra que destaquei no texto acima, qual seja, **moderação**.

Sabe como o dicionário Aurélio define esta palavra?

Moderação
s.f. Virtude de permanecer na exata medida; comedimento. / **Afastamento de todo e qualquer excesso**.

Ao mesmo tempo em que o dicionário define moderação como *a virtude de permanecer na exata medida*, ele também afirma que é o **afastamento de todo e qualquer excesso**.

Se eu não soubesse que este dicionário é o Aurélio, diria que é um dicionário bíblico, pois nesta descrição há um princípio bíblico.

> *Sujeitai-vos, pois, a Deus,* **resisti ao diabo, e ele fugirá de vós**.
> *(grifo do autor)* Tiago 4:7

Uma das maneiras pela qual eu posso resistir ao inimigo é exatamente quando eu me afasto dele.

"O afastamento de todo e qualquer excesso"

Minha amada leitora, neste capítulo eu não irei espiritualizar este assunto, antes quero tratá-lo de uma forma bem prática e real.

Quando eu era pequeno e pedia à minha mãe, na rua, que comprasse alguma coisa para mim, ouvia quase sempre de seus lábios uma resposta sábia e gentil ao meu pedido:

"Menino, eu não vou comprar nada, não tenho dinheiro!!!"

Simples, não? Antigamente era assim. Se tínhamos dinheiro comprávamos, se não, não comprávamos. Acabou, ponto final e não se fala mais nisso.

Mas o homem, como é extremamente criativo (para não dizer destrutivo, com algumas das suas criações), criou, ou inventou o "abençoaaaaado" cartão de crédito.

Eu faço uma comparação entre o cartão de crédito e a criança. Você pode até não concordar, mas que é verdade, isso é.

"O cartão de crédito na mão de algumas mulheres é como uma faca na mão de uma criança. Ela só sabe que machuca quando é ferida por ela".

Você não concorda??? O quê? Ah... Ok... Já entendi... Você está me dizendo que tem total controle sobre o cartão e que não se deixa levar pelas promoções da vida. Então vamos considerar algumas coisas?

Qual o sentimento que o cartão de crédito nos traz quando estamos com ele em nossas mãos?

Eu diria que em primeiro lugar; um sentimento de **Poder**.

Temos a sensação de que tudo está ao nosso alcance. Tudo, que aceitar o cartão como pagamento, claro!!! Mas na verdade isso é um tremendo engano.

O que os comerciantes fazem para nos envolver em suas promoções? Primeiro, tentam nos fazer acreditar que as prestações do produto a ser comprado, se pago através do cartão, serão muito pequenas.

Segundo, quando foi que você já viu uma promoção que apresenta como preço final um número cheio? Por exemplo: R$ 40,00, R$ 100,00 ou R$ 1.000,00?

Nunca, não é mesmo? Claro!!! Onde foi que você viu uma blusa por R$ 80,00 e não por uns míseros R$ 79,90 e que podem ser parcelados em 10 prestações suaves de R$ 7,99?

Tá rindo, né??? Mas você não deixou de comprá-la, não foi???!!! Os comerciantes escrevem sempre R$ 19,99, R$ 39,99, R$ 99,99, para que você e eu não nos assustemos com R$ 20,00, R$ 40,00 ou R$ 100,00.

Voltando à pergunta inicial, quanto aos sentimentos que nos vêm quando estamos de posse de um cartão de crédito, em segundo lugar eu percebo que somos acometidos de certa displicência e indolência.

Quando você passa em frente a uma loja de shopping e vê aquela promoção do vestidinho básico de que você tanto precisa (apenas porque ele não é igual aos seus outros 359 que estão no guarda roupas), o que lhe atrai, além do vestido, é a forma de pagamento, não é mesmo?

Veja bem... Veja bem... Veja bem... (eu acho que já ouvi isso antes e se não me engano não era muito bom), como eu dizia, veja bem... O vestidinho custa só R$ 250,00, mas a vendedora, primeiro, diz que esse vestido é a sua cara, que foi feito pra você (e você acredita), depois vem o golpe fatal, ela diz que você pode parcelar *em 10 vezes iguais,* pagando *"apenas"* R$ 24,99 e, o "mais legal", é que as parcelas não têm juros. Que fantástico, não? E você acreditou que não pagaria nenhum juro? Bobinha!!!

Acabamos sendo displicentes em não perceber que tudo isto é parte de uma grande armadilha.

"Ah, Pastor, eu só vou pagar R$ 24,99 por mês e isso por apenas 10 meses, que mal há nisso?"

Nenhum, se esta fosse a sua única prestação a ser paga todo mês.

Este é o grande perigo. Temos a sensação de que esta pequena prestação que assumimos agora não irá nos preocupar e conseguiremos pagar tudo em tempo.

Então são R$ 15,99 aqui, R$ 12,99 ali, e mais uns R$ 8,99 daquele outro produto que eu estava precisando muito, ah... e tem também aqueles R$ 29,99 do presente da minha prima, e outras coisinhas pequenas, que no final, somando tudo, noves fora, você tem que pagar por mês a bagatela de R$ 899,90 aproximadamente, ou será que eu chutei por baixo? É possível não é?

Você já parou para pensar que agindo assim você se torna uma serva da empresa do cartão de crédito?

> *O rico domina sobre os pobres e o que toma emprestado é servo do que empresta.*
> *Provérbios 22:7*

O que estamos fazendo efetivamente quando compramos com o cartão? Estamos pegando dinheiro emprestado.

Quando eu conto com um dinheiro que não é meu, com um dinheiro que não está na minha conta bancária e nem no meu salário, para integrá-lo em meu orçamento mensal, na verdade eu estou abrindo um enorme buraco para que o meu orçamento seja engolido e a cada mês, a tendência é que este buraco aumente mais.

Comprar, pelo cartão de crédito, produtos que necessitamos constantemente, é uma das maiores armadilhas para o orçamento doméstico.

Como eu vou fazer compras do mês no supermercado pagando com o cartão, se no mês seguinte eu terei de comprar outra vez e ainda não terei pago as compras do mês anterior? O que inevitavelmente acontecerá é que eu pagarei o mínimo do valor do boleto e aumentarei o meu débito. Afinal de contas *"não pode faltar comida em casa, o cartão depois eu dou um jeito"*. Só que o jeito nunca chega e o que chega é um extrato com um valor cada vez maior, o que, por sua vez, aumenta a tensão dentro de casa e pode começar a afetar o relacionamento conjugal.

Outro dia, passando por um posto de gasolina, vi um cartaz que dizia *"Abasteça agora e pague só daqui a 100 dias, no cartão"*.

Com certeza o combustível com que o consumidor abastecer o seu carro naquele dia irá acabar em menos de uma semana e então ele precisará abastecer outra vez, só que ele já tem uma dívida esperando por ele dali a 100 dias. O que fazer, então? Será que ele deve abastecer mais uma vez utilizando o mesmo cartão? Ou ele deve usar outro cartão, como fazem alguns que têm vários cartões com vencimentos diferentes?

Quando aprendermos a colocar a nossa mão apenas onde ela alcança, como diz o ditado, com certeza nossas noites de sono serão mais tranquilas.

Olha, minha irmã, eu tenho certeza de que nunca escrevi um capítulo com tantos números antes, mas se isso servir para abrir-lhe os olhos quanto ao perigo que o seu casamento pode estar correndo, já valeu a pena.

Quero falar um pouco da visão que o seu marido tem acerca dessa situação. Não conheço este santo com quem você se casou, mas, mesmo que ele tenha uma situação econômica muito boa, pode ter certeza de que ele não aprova um gasto descontrolado como este que citei em meus exemplos. Porém, eu sei que a realidade brasileira é outra e que a maioria dos casais tem as suas contas bem justas. Vou um pouco mais além. Na verdade há pessoas que já alcançaram o nível patológico. Há mulheres (eu sei... há homens também) que têm compulsão em comprar.

Conheço uma mulher que tinha em casa mais ou menos 80 pares de sapatos, mas não podia passar em frente a uma vitrine de sapataria sem que entrasse e comprasse mais um para a sua coleção. Dificilmente eu a via com o mesmo par de sapatos de algum domingo atrás. Sempre era um par novo, sempre. Sem falar nas roupas, mas vou ficar só com os sapatos.

Não sei se este é o seu problema; se for, não será a leitura de um simples livro como este que irá mudar a sua história, mas você precisa de ajuda e ajuda profissional.

Reconhecer isto não é vergonha, pelo contrário, é amar a si mesma, é amar o seu marido, é cuidar do seu casamento.

Eu creio que ainda há tempo para mudar de atitude, de comportamento e salvar o que está doente e em decomposição, que pode ser até o seu casamento.

Há outro motivo que tem levado muitos a comprarem de forma descontrolada. A pobreza na infância.

Há pessoas que na infância foram muito pobres e passaram por muitas privações. Pois bem... elas cresceram, estudaram e venceram na vida. Hoje têm uma situação extremamente confortável na área financeira, mas não tiveram a sua mente transformada, ou seja, ainda têm a mente daquela criança que passou por muitas necessidades. E qual a consequência disso?

Hoje, quando vão ao mercado fazer compras, costumam comprar 10 litros de óleo, 20 quilos de arroz, 10 quilos de feijão e assim por diante. Em suas mentes ainda há uma frase que não se apagou desde a sua infância.

É melhor levar mais porque amanhã pode faltar.

Este sentimento de falta, de talvez não ter amanhã e aquele pensamento de que *"eu nunca tive isto e agora que eu posso, vou comprar logo dois"*, são muito nocivos à economia do lar e, de tabela, ao próprio casamento.

Também isto pode ser uma enfermidade da alma e que necessita de acompanhamento profissional.

Há um texto em uma das cartas de Paulo que nos ensina sobre estas coisas.

Não digo isto como por necessidade, porque já aprendi a contentar-me com o que tenho.
(grifo do autor) Filipenses 4:11

Não seria essa a grande dificuldade do ser humano? Contentar-se com o que tem? Somos extremamente influenciados pelo que vemos, não é mesmo? As mulheres, então, por serem mais sensíveis, perceberem com mais atenção os detalhes, são mais suscetíveis a caírem nas armadilhas das "gangs das vitrines". E isto gera algo de que a Bíblia fala:

> *Porque tudo o que há no mundo, a concupiscência da carne, a* **concupiscência dos olhos** *e a soberba da vida, não procedem do Pai, mas do mundo.*
> I João 2:16

Todos sabem que o significado da palavra concupiscência é desejo. E é exatamente isso o que a Bíblia está dizendo. O desejo dos olhos. Daí vem a expressão tão conhecida entre nós; *"comer com os olhos"* e a Bíblia nos diz que estas coisas não são de Deus, mas do mundo.

Não permita que os seus olhos dominem a sua vida. Não permita que um pequeno pedaço de plástico com o seu nome gravado nele possa ditar as normas da sua vida e afetar o seu casamento de forma tão brutal.

Antes, reflita na seguinte imagem: se o seu cartão de crédito está sobre a sua cabeça, então ele é o seu senhor e você o servo, mas se o seu cartão está debaixo dos seus pés, ou seja, em casa dentro da uma gaveta para apenas ser usado em uma eventual e **real** necessidade, então ele está lá para lhe servir e você, verdadeiramente, é o senhor.

Quebrei meus cartões há muitos anos e o que agora tenho não o carrego comigo. Se tiver dinheiro compro, se não tiver, espero até que tenha para comprar. Mágica? Não, apenas exercício de uma nova prática.

Que você possa experimentar um novo tempo em sua vida econômica e financeira, trazendo paz e bem estar entre você e o seu marido e aprender a lidar com os cartões da vida com toda moderação de que a Bíblia nos ensina. Portanto, para tanto, Deus a abençoe.

> *TUDO tem o seu tempo determinado, e há tempo para todo o propósito debaixo do céu.*
> *Eclesiastes 3:1*

CAPÍTULO 10

SERÁ QUE O MEU PRÍNCIPE SEMPRE FOI UM SAPO?

> *O presente é, aos olhos dos que o recebem, como pedra preciosa; para onde quer que se volte servirá de proveito.*
>
> **Provérbios 17:8**

É de conhecimento de todos que muitas mulheres ao se casar, ainda bem jovens, trazem consigo, em seu coração, o que poderíamos chamar de "a síndrome do príncipe encantado".

A maioria esmagadora das moças que namoram e noivam, constrói dentro de si uma expectativa em relação ao seu noivo e futuro marido, de perfeição quase que absoluta. É muito comum que essas jovens, ao ouvirem histórias acerca de casamentos que não deram certo, rejeitem de forma veemente a possibilidade de serem protagonistas de histórias semelhantes.

A sua expectativa em relação à vida conjugal que dentro de pouco tempo terá início é de absoluta e completa felicidade, e mais, dentro dos seus sonhos, elas até creem que não passarão por determinadas situações que algumas de suas amigas de infância, hoje casadas, estão vivendo.

O ser humano tem a capacidade de fazer muitos planos e até de antevê-los concretizados. Obviamente não é diferente com a mulher, pelo contrário, eu creio que na dimensão feminina, a "viagem" é ainda maior e mais intensa.

Muitas mulheres planejam e visualizam toda a sua vida de casada, até mesmo antes do casamento acontecer. Em primeiro lugar veem a cerimônia de casamento, a igreja, as flores, a daminha, a festa, a lua de mel, enfim elas conseguem visualizar todas estas coisas com riqueza de detalhes. Porém o seu sonho não termina aí, pois elas conseguem também ver os dois pombinhos sentados na sala de estar da sua futura e linda casa. Vislumbram cenas de um grande e apaixonado amor acontecendo todos os dias. Conseguem ouvir declarações de amor, diárias, feitas por seus maridos, maridos esses que são a educação, o carinho e a doçura personificados.

Será que o que eu estou descrevendo é pecado? Seria um erro por parte das mulheres sonharem tal sonho para si? Fique tranquila que, com certeza, sonhar ainda não é pecado, segundo a palavra de Deus.

> *E há de ser que, depois derramarei o meu Espírito sobre toda a carne, e vossos filhos e vossas filhas profetizarão, os **vossos velhos terão sonhos**, os vossos jovens terão visões.*
> (grifo do autor) Joel 2:28

Perceba que quando o Senhor derramar do Seu Espírito sobre toda a carne, até os velhos sonharão. Portanto não vejo nenhum problema em sonhar.

Mas, é necessário termos, junto com o sonho, a consciência da realidade que nos cerca, pois na verdade, muitos sonhos se tornarão realidade em nossas vidas através de um trabalho e empenho determinados.

A tão desejada casa onde se sonhou estar abraçada ao maridinho no sofá da sala de estar, só será possível ser conquistada através de um trabalho abençoado, que por sua vez também só será alcançado por meio de uma vida de estudos, aplicada e disciplinada. E entenda que todas estas coisas acontecem no âmbito da realidade. Os sonhos são, talvez, a mola propulsora, mas é no dia a dia que nós poderemos tornar estes e outros sonhos reais em nossa vida.

Certamente há por parte de uma grande maioria de mulheres a convicção de que seus maridos já vieram prontos para a vida conjugal. Quando digo prontos, me refiro à visão de homens que são decididos, corajosos, ousados, carinhosos, meigos, bonitos e ao mesmo tempo, firmes em suas atitudes, homens que não se deixam abalar por nada e que mesmo em meio ao mais turbulento temporal que vier a surgir na vida, serão capazes de dizer à sua esposa: *"Vamos seguir esta direção!!!"*. Esse é o ideal. Que mulher não desejaria um homem assim? As outras mulheres ficariam babando de inveja por você ter o marido que tem, não é mesmo? Pois é... Só que o que tem acontecido é que muitas casam com o príncipe, mas ao acordarem, se deparam com um "sapo" no outro lado da cama.

Por quêêêê? Você pode estar se perguntando, ou talvez, perguntando pra mim.

Olha só, antes de tudo, deixe-me dizer uma coisa: não fui eu quem colocou este sapo, quero dizer, este homem aí do seu lado, na cama. Quando você olhou para ele na primeira vez, até conseguiu vê-lo em cima do cavalo branco, não foi? É... Sei que foi assim que aconteceu, mas não se desespere, porque nem tudo está perdido. Este "sapo" ainda pode ser transformado em um homem outra vez. Um príncipe? Talvez não, mas em um homem, com certeza, sim. Alguém que te dê orgulho, respeito, carinho, segurança e acima de tudo amor, muito amor.

Se pararmos para pensar um pouco na pessoa de um príncipe, veremos que, alguém que ao nascer é educado e preparado para se tornar o centro das atenções, não trabalhar, ser servido e ter a todos ao seu redor vivendo em função dele, certamente não é o modelo de marido ideal para nenhuma mulher que tenha sonhos de ser feliz. Pois se a cada vez que ela quiser estar com o marido tiver de pedir autorização para entrar na presença dele, que casamentozinho mais complicado esse, não?

Portanto, em vista disso, tenho certeza de que o homem ideal para você, definitivamente, não é um príncipe, mas, com certeza também não deve ser um sapo. Então acho que o melhor será buscarmos alguém no meio da raça humana mesmo, que tal?

Minha amada, há um texto na palavra de Deus que enche o meu coração de alegria quando o leio.

E a esperança não traz confusão, porquanto o amor de Deus está derramado em nossos corações pelo Espírito Santo que nos foi dado.
Romanos 5:5

Esperança... Esta é uma palavra que arde em muitos corações. Quando a Bíblia diz que a esperança não traz confusão, isso me traz grande paz no coração. Em primeiro lugar, porque é claro que a Bíblia se refere à esperança em Deus e na Sua palavra e, em segundo lugar, porque esta esperança nunca é confundida ou frustrada.

A esperança de qualquer mulher é que um dia venha a se casar e constituir uma família linda e abençoada.

Este desejo, esta esperança é legítima e saudável, e digo mais, creio firmemente que também seja a vontade de Deus para a sua vida.

Talvez, voltando ao tema deste capítulo, você estivesse ainda em estado de êxtase, de sonho, quando começou a perceber a humanidade de seu marido. Para algumas, chega a ser, na verdade, um choque.

Como??? Meu marido não é o príncipe com quem eu havia sonhado tanto??? Nããããão!!! Ele também joga as meias sujas no canto do quarto como o marido da minha amiga. Eu jamais esperava isso dele. Que decepção!!!

Pois eu acho que você deveria agradecer a Deus por ter um marido simplesmente humano e dentro dos padrões de qualquer marido normal da terra. Porque um marido assim é passível de errar, sim, mas também é passível de aprender e de crescer junto com você, ou você ainda não parou para pensar que ele também possa ter acordado um dia ao lado de uma... (vou falar de forma carinhosa para não ofender) sapinha?

É... Na verdade nós também temos os nossos sonhos, um pouco diferentes dos sonhos femininos, mas tão desejados quanto. E eu preciso dizer que também passamos por algumas decepções.

Se você acabou de descobrir que o seu príncipe, na verdade, é um sapo, glorifique a Deus por ter colocado ao seu lado alguém que pode crescer junto com você e que pode também, junto com você, tentar construir um lindo sonho.

Conheço homens que não têm nenhum problema em chamar a mulher e/ou as filhas para matarem a barata que acabou de entrar em casa e que nem por isso deixam de ser o cabeça da família ou perdem o respeito dos seus. Homens que, quando a barata entra por uma porta, eles saem por outra, porque simplesmente têm medo, e este é um sentimento inerente ao ser humano, mas o príncipe é ensinado que ele não pode ter medo em hipótese nenhuma.

Então, diante de iminente perigo, o que ele faz? Apavorado, aterrorizado, mente para si mesmo, tentando convencer a ele e aos outros de que não está com medo.

O medo, assim como outros sentimentos que temos, nos leva a ter cuidado e planejar a batalha que está por ser travada, seja com uma barata ou com um gigantesco exército.

Penso que uma das estratégias mais importantes dentro desse contexto, para uma mulher, é não dar atenção à decepção que teve, mas dar as mãos ao marido que está ao seu lado, estimulando-o, incentivando-o, apoiando-o e, junto dele, enfrentar tudo e todos.

Talvez você tenha casado com um sapo desde o início e nunca tenha percebido isso, mas com certeza o problema não é esse, e sim, o que você fará ao descobrir que as suas expectativas humanas foram frustradas? Será que você sairá em busca de outro príncipe? Será que este homem que esta ao seu lado ha tanto tempo não pode, de jeito nenhum, tornar-se uma coluna dentro da sua casa e da sua vida? Será que a única coisa que você pode fazer é apresentar uma relação dos defeitos que você vê nele e falar da sua expectativa frustrada?

Preciso te dizer também que conheço homens, sapos, se você preferir, que se tornaram gigantes junto às suas famílias quando foi necessário.

Talvez o melhor mesmo seja começar a construir uma casa, uma história, ao lado de alguém a quem todos possam ver como um simples sapo, mas que dentro de você, lá no fundo do seu coração, você sabe que é um guerreiro, um lutador e um vencedor. Um homem que, a despeito de todas as circunstâncias, ainda lhe ama e não quer estar em outro lugar que não seja ao seu lado.

Príncipe.. Sapo... Príncipe... Sapo... Príncipe..., Como, afinal de contas, você tem visto o seu marido?

Quero lembrar-lhe o nome de um rei da história. Seu nome era Ricardo, mas ele era mais conhecido como "Ricardo, coração de Leão". Por que será? Porque, consta na história que ele teria morto um leão com as próprias mãos. Na verdade a história desse rei não é tão admirável assim como falam, mas, fica como exemplo para nós o que ele possuía, e que nem os seus adversários podiam negar, uma coragem incomparável.

A Bíblia diz que onde estiver o nosso coração, aí estará o nosso tesouro. Responda-me sinceramente (faça de conta que eu posso ouvir, ok?) se eu olhar dentro do seu coração hoje, o que irei encontrar? Um príncipe, um sapo, ou um homem admirável, com muitas falhas, é verdade, mas a quem você ama perdidamente?

Eu espero que a sua resposta seja a terceira opção.

Que Deus a abençoe para continuar e nunca desistir. Só há um momento em que teremos de parar, e este momento é quando a morte chegar, a sua ou a dele. Enquanto isso não acontece, e que demore bastante, seja feliz com o seu... *(Ah! Você entendeu!!!)*

CAPÍTULO 11

MEU MARIDO É UM HOMEM MUITO ESPIRITUAL... MAS EU NÃO CONSIGO TER A FÉ QUE ELE TEM

> Então respondeu Jesus, e disse-lhe: Ó mulher, grande é a tua fé! Seja isso feito para contigo como tu desejas. E desde aquela hora a sua filha ficou sã.
>
> Mateus 15:28

Qual a diferença entre você e aquela mulher cananeia que pedia libertação para a sua filha endemoninhada? Nenhuma. Entenda, minha amada irmã, que a fé não é privilégio só de alguns, o Senhor Deus a distribuiu em uma medida específica entre todos.

> **Porque pela graça que me é dada, digo a cada um dentre vós que não pense de si mesmo além do que convém; antes, pense com moderação, conforme a medida da fé que Deus repartiu a cada um.**
>
> (grifo do autor) Romanos 12:3

O seu problema não é falta de fé ou pensar que não tem a mesma fé do seu marido, mas sim, entender e aceitar que a fé de que precisa já está aí dentro do seu coração, concedida por Deus na medida certa.

O que falta, então? Usá-la. Colocá-la em prática e passar a ver os seus efeitos sobrenaturais em sua vida, casamento, família e por onde quer que você vá.

> *Em verdade vos digo que tudo o que ligardes na terra será ligado no céu, e tudo o que desligardes na terra será desligado no céu.*
>
> Mateus 18:18

De que forma eu posso ligar algo na terra? Será que, sozinho, eu posso ligar algo na terra, por minha própria vontade? Com certeza não. É necessário que outra pessoa ligue comigo. É necessário que outra pessoa concorde comigo acerca de um assunto para que assim façamos uma aliança de fé em relação àquela questão diante do Senhor.

Muitos casais estão enfrentando lutas sérias em seus casamentos e famílias por não terem ainda entendido essa verdade espiritual que o Senhor Jesus nos ensinou.

Eu não faço apologia de que tudo o que nos acontece de ruim é culpa do diabo, porque sabemos que muitas coisas que vivemos hoje são frutos das nossas escolhas feitas lá atrás. Mas é necessário também discernir quando algum movimento, na verdade, é do inimigo.

É muito importante para o casal cristão ter a percepção das estratégias que satanás usa para tentar nos desanimar, nos levar ao adultério, nos fazer desistir da fé e até tentar nos levar a uma separação.

Sendo assim, quando temos comunhão com o Pai e o Seu Santo Espírito, percebemos nitidamente as tentativas de invasão das trevas em nosso lar e família, e é exatamente neste momento que marido e esposa devem se sentar e orar juntos, ligando aqui na terra a vitória sobre os intentos malignos e a derrota vergonhosa do diabo.

Mulher, vivemos em mundo dominado pelo mal e isto nós não podemos mudar, mas temos em Deus e na Sua palavra, a promessa de que o maligno não pode nos tocar.

> *Sabemos que todo aquele que é nascido de Deus não peca; mas O que de Deus é gerado nos guarda e o maligno não nos toca.*
> *I João 5:18*

Sabe quem é Aquele que foi gerado de Deus?
É Jesus.

É Ele quem nos guarda e por Sua proteção o maligno não pode nos tocar. Isto não é maravilhoso?

Por isso é de extrema importância que tenhamos gravado em nossos corações que, se vivermos em aliança com o Senhor e se, além de casados na carne, estivermos também ligados no Espírito com o nosso cônjuge, somos um exército invencível.

Alguém já disse que um mais o Senhor Jesus já é maioria. Imagine então você e seu marido mais o Senhor Jesus, aí é maioria absoluta e não vai ter para ninguém no reino espiritual.

Porque, onde estiverem dois ou três reunidos em meu nome, aí estou eu no meio deles.
Mateus 18:20

Quer mais um texto que prova isso?

E, se alguém prevalecer contra um, os dois lhe resistirão; e o cordão de três dobras não se quebra facilmente.
Eclesiastes 4:12

Está na hora, minha amada, de abandonar a autopiedade, deixar de viver com pena de si mesma, subestimando-se em relação ao seu marido, porque, com certeza, todo homem deseja ter ao seu lado uma mulher que, juntamente com ele, olhe para cima, para o alto, para o Pai das Luzes, de Quem vem toda a boa dádiva e todo o dom perfeito e Quem nos conduz perfeitamente em triunfo em Cristo Jesus.

A carta de Tiago nos fala acerca de fé e obras. Outro dia conversava com o meu filho mais novo e ele me perguntava sobre este texto e me dizia que estava confuso quanto ao que estava escrito nele.

Meus irmãos, que aproveita se alguém disser que tem fé, e não tiver as obras? Porventura a fé pode salvá-lo?
Tiago 2:14

> Assim também a fé, se não tiver as obras, é morta em si mesma.
> Mas dirá alguém: Tu tens a fé, e eu tenho as obras; mostra-me a tua fé sem as tuas obras, e eu te mostrarei a minha fé pelas minhas obras.
> Tiago 2:17,18

A ler este texto ele ficou muito confuso e me perguntou se o que Tiago estava dizendo é que a fé não salva? Então eu lhe expliquei acerca do contexto do texto. Tiago estava colocando que "aquele tipo" de fé não poderia salvar ninguém. Que tipo? Uma fé sem obras. Uma fé que não estava direcionada em Jesus. E o que é uma fé sem obras? Muitos podem pensar que as obras aqui mencionadas seriam obras de caridade ou qualquer coisa parecida. Tiago cita alguns exemplos, em sua carta, de pessoas que demonstraram a sua fé pelas obras que praticaram.

> Porventura o nosso pai Abraão não foi justificado pelas obras, quando ofereceu sobre o altar o seu filho Isaque?
> Tiago 2:21

> E cumpriu-se a Escritura, que diz: E creu Abraão em Deus, e foi-lhe isso imputado como justiça, e foi chamado o amigo de Deus.
> Tiago 2:23

> E de igual modo Raabe, a meretriz, não foi também justificada pelas obras, quando recolheu os emissários, e os despediu por outro caminho?
> Tiago 2:25

Portanto, podemos entender que uma fé nominal não produz salvação na vida do homem. A fé não é um sentimento, uma emoção, um arrepio na espinha ou ver estrelinhas no ar. A fé é uma decisão e um estilo de vida.

Eu escolhi crer em Deus e na Sua palavra e passei a viver baseado nessa fé que abracei.

As obras da fé a que Tiago se refere nada mais são do que uma consequência de uma vida de fé.

Agora... Eu posso concordar que há diferentes níveis de fé. A própria Bíblia nos fala em I Coríntios sobre um nível maior de fé.

> *Ora, há diversidade de dons, mas o Espírito é o mesmo.*
> *I Coríntios 12:4*
> *E a outro é concedido, pelo mesmo Espírito, a fé;...*
> *(grifo do autor) I Coríntios 12:9a*

Aqui está sendo apresentado o dom da fé, entre os outros dons, como algo concedido pelo Espírito Santo. Neste caso, a fé que o Espírito concede é uma fé que tem um propósito específico. É uma fé para o serviço de Deus e para cumprir o Seu propósito aqui na terra.

Esta fé é usada em batalha espiritual, em sinais e maravilhas, em curas, milagres, libertações e etc.

Não é um tipo de fé para deleite próprio, para se orgulhar e se exibir, muito pelo contrário, é um tipo de fé usada no combate ao inimigo. Muitas vezes a situação de confronto irá exigir de nós renúncia e, como disse o Senhor Jesus, em alguns casos acompanhada de jejum e oração, para que a fé seja aprimorada e fortalecida, de acordo também com o nível da batalha.

Assim como diz a Bíblia, nem todos a possuem.

> *Mas um só e o mesmo Espírito opera todas estas coisas, repartindo particularmente a cada um como lhe apraz.*
> *I Coríntios 12:11.*

Pode ser que, ao ler estas linhas, tenha brotado no seu coração o desejo de ter esta fé concedida pelo Espírito. Não há nenhum problema em relação a isso, é só pedir a Deus.

> *SEGUI o amor, e procurai com zelo os dons espirituais, mas principalmente o de profetizar.*
> *I Coríntios 14:1*

A Bíblia nos orienta a procurarmos com zelo os melhores dons. Você e eu podemos pedir a Deus que nos conceda este ou aquele outro dom, sabendo, porém, que se nos for concedido será para uso exclusivo do Senhor em nós e para o louvor da Sua glória. Ou seja, o dom não nos pertence e nem temos controle sobre ele. Somos apenas mordomos do dom que o Senhor nos deu ou que vier a dar.

Nossa igreja mantém um casal de missionários em uma das regiões mais pobres de nosso país, conhecida como Vale do Jequitinhonha, em um povoado chamado Pingueiras. Acontece que em toda a região do Vale já não chove há muitos meses e em certas partes do vale até a mais tempo.

Temos em nossa igreja um trabalho de oração chamado "Projeto Daniel", no qual, dentre outras atividades de oração, realizamos uma reunião de oração de 2ª a 6ª, das 7h às 8h da manhã. Conversando com a missionária Mirian por telefone, ela compartilhava comigo da necessidade urgente de água que eles estavam enfrentando. Ela me contava que os reservatórios da cidade haviam secado e que a prefeitura estava comprando carros pipas para suprir modestamente a necessidade dos moradores do local. Então Mirian me pediu que levássemos a Deus o seu pedido.

No primeiro dia de intercessão pela manhã, numa segunda feira, clamamos a Deus pedindo chuva para aquela região do Brasil. Qual não foi a nossa alegria ao saber que, na tarde daquele mesmo dia, Deus derramou tão copiosa chuva naquele lugar que os níveis dos reservatórios começaram a subir. Pois bem, hoje faz um mês que temos orado incessantemente por Pingueiras, dentre outros motivos, e, pela manhã recebi outro telefonema da missionária Mirian, pedindo-me que parássemos de orar por chuva, pois na semana passada, segundo os habitantes da região, choveu naquele lugar como há quinze anos não chove. As estradas ficaram intransitáveis, telhados voaram com a força dos ventos e os rios, que haviam secado, voltaram a correr em seus leitos, sem falar nos reservatórios, que se encheram totalmente.

Pergunto a você, de quem é o mérito? Da igreja que orou, que intercedeu? De jeito nenhum, mas exclusivamente do Senhor que é fiel e que Se agrada quando o Seu povo O busca, crendo Nele e em Suas promessas.

Ora, sem fé é impossível agradar a Deus; porque é necessário que aqueles que se aproximam de Deus creiam que ele existe, e que é galardoador dos que o buscam.
(grifo do autor) Hebreus 11:6

Minha amada leitora, há um propósito de Deus para vocês dois, creia. Deus não chamou apenas o seu marido para a Sua obra. Posso, porém, concordar que o chamado de Deus para ele não é o mesmo que o seu, mas não tenho dúvidas de que o Senhor planejou que, juntos, vocês se completem na obra Dele.

Sua fé, como disse lá atrás, já está em você, porque Deus já lhe deu a sua porção. Agora cabe a você, irmã, começar a usar essa fé em sua vida.

Por favor, não fique comparando o tamanho da sua fé com a da irmã "A", ou a da irmã "B", pois Deus tem chamado cada um para uma obra específica.

Lembre-se de que Deus não faz acepção de pessoas e que Ele não tem filhos prediletos. Cada um, ou cada uma, tem o seu lugar no Reino e há algo que Deus deseja ouvir de você e de mim.

"Eis-me aqui, Senhor, envia-me a mim".

Acredito que o seu marido possa ser um homem extremamente espiritual, talvez ele seja até o pastor da sua igreja, mas isso não deve ser um peso em sua vida como se você fosse obrigada a caminhar na mesma dimensão dele. O principal é que você saiba exatamente para quê o Senhor lhe chamou.

Eu conheço algumas esposas de pastores, mesmo que esse não seja o seu caso, cujos ministérios são aqueles que poderíamos chamar de "ministério dos bastidores". No entanto, como Deus as tem usado para abençoar muitas e muitas vidas!!!

Saiba que você pode ser uma mulher espiritual também, assim como o seu marido, ainda que sobre você não se acenda nenhum refletor, não haja cartazes com o seu nome neles e nem lhe convidem para fazer palestras hospedando-a em hotéis cinco estrelas. Não é isso que indica o grau de espiritualidade de alguém, mas sim o compromisso que temos com o Senhor, e isso, só Ele pode determinar.

Quero concluir lhe dizendo que certamente você está dentro dos planos de Deus para a Sua grande obra de redenção da humanidade. Deus conta com a sua fidelidade, sua obediência, sua submissão e, principalmente, a sua fé.

Prossiga para o alvo, sem duvidar, sabendo que o seu prêmio será a soberana vocação de Deus que está em Cristo Jesus, nosso Senhor.

CAPÍTULO 12

ACABOU... ELE FOI EMBORA... SÓ FICAMOS EU E AS CRIANÇAS

Com certeza não é fácil tratar de um assunto como esse, tão delicado e tão doloroso ao mesmo tempo. O número de mulheres abandonadas em nosso país cresce a cada dia mais e no final de tudo elas se tornam apenas isso, mais um número para aumentar as estatísticas. Infelizmente, muitos homens crescem desprovidos de caráter e valores. Muitos ainda acreditam que o homem é o caçador e que, portanto, precisa estar todo o tempo atrás de uma nova caça.

O que posso lhe dizer diante da situação que hoje você vive? É possível que este capítulo venha a se tornar, na verdade, uma carta de consolo e amor.

Em primeiro lugar, é importantíssimo lhe dizer que você não está sozinha. Enquanto escrevo estas linhas, meu coração intercede por você e por seus filhos, se você os tem. Conheço bem de perto a sua dor, pois eu a vivi também em minha vida.

Sei que num momento como este as palavras não têm muita serventia, mas se estas palavras vierem do Senhor podem nos trazer um renovo e restaurar a nossa fé. Lembre-se que a Bíblia diz que a fé vem pelo ouvir a palavra de Deus. Então, minha amada, quero iniciar com um texto maravilhoso da palavra.

Porventura pode uma mulher esquecer-se tanto de seu filho que amamenta que não se compadeça dele, do filho do seu ventre? Mas ainda que esta se esquecesse dele, contudo eu não me esquecerei de ti.
(grifo do autor) Isaías 49:15

A instabilidade nos sentimentos faz parte da natureza humana. Infelizmente assistimos, diariamente, no noticiário, histórias de homens e mulheres que abandonam suas famílias por uma aventura, por outra pessoa, que julgam ser o grande amor de suas vidas, levando-os a tomarem decisões radicais e até a matarem esposas, maridos e filhos. Com certeza existe uma participação ativa de satanás em todas essas histórias.

Sendo um ministro do evangelho, não posso deixar de pregar que o casamento só será abençoado se Deus fizer parte dessa aliança.

SE o SENHOR não edificar a casa, em vão trabalham os que a edificam; se o SENHOR não guardar a cidade, em vão vigia a sentinela.
Salmos 127:1

Pode ser que você esteja tentando descobrir onde foi que errou para que seu marido fosse embora. Certamente o inimigo está lhe acusando, tentando empurrar-lhe ainda mais para o fundo do poço, para o fundo do abismo. Posso lhe assegurar minha amada, que sua responsabilidade não é nem um pouco maior ou menor do que a do seu marido.

Em um casamento os dois são responsáveis por tudo que acontece, porém eu entendo que este não é o momento para tentarmos identificar os culpados, até porque isso não irá diminuir a sua dor.

Pode ser que em seu coração exista ainda uma esperança de restauração. Acredito que você está disposta até mesmo a perdoar a traição dele para ter o seu casamento de volta e a sua família também. Porém, pode ser também que alguns "amigos" estejam lhe atormentando, sugerindo que você o esqueça, ou que você se envolva com outro homem, ou que entre logo na justiça contra ele pedindo isso, pedindo aquilo, etc.

Eu tive que colocar a palavra amigos entre aspas porque essa não é a atitude de verdadeiros amigos. Tenho pleno conhecimento de que o casamento, para a mulher, tem um peso muito maior do que para o homem. Sei o quanto você investiu neste casamento e nesta família para, simplesmente, desistir de tudo tão fácil e rapidamente.

Se estivéssemos frente a frente, eu poderia lhe perguntar algumas coisas sobre o seu marido para tentar entender o que o levou a tomar tal atitude, mas isto não é um gabinete pastoral e o que vou lhe falar precisa ser inspirado totalmente pelo Espírito Santo.

Não é minha intenção, ainda que ore por isso e, sinceramente, deseje muito, lhe apresentar uma fórmula de como trazer o seu marido de volta arrependido e lhe amando como nunca. Creia que esta também é a vontade de Deus pra vocês, mas (infelizmente sempre há um "mas") a Bíblia diz.

> *Porventura andarão dois juntos, se não estiverem de acordo?*
> **Amós 3:3**

Entenda, amada leitora, que Deus não violenta a vida de ninguém, porque Deus é amor. Sei que você pode estar se perguntando por que Deus não muda o coração dele para fazer com que ele volte? Porque assim não teria sido ele quem teria escolhido voltar, mas sim o poder de Deus obrigando-o voltar. É isso que você quer? Um robô? Tenho certeza de que não. O nosso Deus é a fonte de toda a sabedoria e não tenha dúvidas de que, enquanto oramos e clamamos, Ele já está trabalhando por este propósito.

- Mas, de que forma, pastor?

É... A nossa ansiedade sempre nos leva a querer saber como Deus fará. De alguma forma desejamos estar no controle da ação de Deus. Lamento, mas isto não é possível. Não é assim que funciona.

Alguns textos da palavra de Deus são tão simples e tão diretos que nem precisam de interpretação ou exegese para ser compreendidos. É o caso do Salmo 37:5

> *Entrega o teu caminho ao Senhor, confia nele e o mais ele fará.*
> Salmo 37:5

Como eu citei, o texto já diz tudo. É entregar, confiar e esperar nele. Quando não há dor envolvida, pode até ser um pouco mais fácil entregar, confiar e esperar, mas, quando estamos vivendo uma situação angustiante e, além disso, sentindo uma dor profunda, temos grande dificuldade de exercer a paciência, porque o nosso sofrimento e o dos que estão conosco, neste caso os filhos, nos impulsionam a clamar e a gritar por uma solução urgente e imediata.

Quantas vezes, ao amanhecer o dia, eu tive a nítida sensação de que tudo o que estava vivendo era apenas um terrível pesadelo, e, por um instante, sentia-me muito aliviado por ter acordado, mas logo se iniciava o dia e então me deparava com a cruel realidade que estava ao meu redor.

O meu coração doía vinte e quatro horas por dia. Os médicos dizem que o coração não dói. Se ele dói ou não, eu não sei, mas só sei que o que eu sentia em meu peito era real, doloroso e permanente.

Por isso posso dizer que sei o que você sente, mas cada vida é uma vida, cada história uma história, cada dor uma dor.

Talvez você seja uma jovem que se casou há menos de um ano e já esteja vivendo a dor do abandono, ou então, é uma jovem senhora que teve um casamento que durou entre dez e quinze anos, mais ou menos, e de repente, recebe a notícia através de um mero bilhete, ou quem sabe, pela visão de um guarda roupas vazio, ou então ainda, como nos dias de hoje é comum, por um frio *e-mail*, dizendo que, finalmente, ele encontrou a mulher da sua vida, a qual você sempre acreditou ser você.

Há ainda uma situação que eu acho, talvez, a mais dolorosa de todas. Você pode ser uma senhora com uma idade mais avançada e uma história de quarenta anos de convivência ou mais e que, simplesmente, vê o homem a quem você sempre admirou e amou sair pela porta da frente, dizendo que se cansou e que decidiu viver o restante da vida com alguém, segundo ele, mais interessante.

Na verdade, as histórias são muitas e as mais variadas e dolorosas possíveis. E nós sabemos que a dor que dói mais, sempre é aquela que dói em nós, não é mesmo?

Não é de grande relevância saber em que "idade conjugal" você se encontra, porque a sua perda, seja qual for o tempo de casamento, causa uma dor extrema.

Gostaria de poder dizer que amanhã mesmo o seu marido estará batendo em sua porta, pedindo-lhe perdão e retornando à sua vida e ao seu casamento, mas, eu estaria sendo leviano se tal coisa fizesse. Porém, uma coisa eu posso dizer: *que as promessas de Deus, que se encontram na Sua palavra, não perderam a sua validade, nunca caíram por terra e jamais cairão.*

Conheço a história de alguns casamentos destruídos que foram restaurados e, também, a de outros casamentos onde cada um seguiu o seu caminho.

Não há um padrão, uma fórmula, nem uma regra apenas e um mesmo final para todos. Aliás, os jornais nos mostram todos os dias diferentes finais para diferentes casais. Mortes, sequestros de filhos, mulheres e homens que foram queimados por vingança e muitos outros finais terríveis.

Pode ser que o momento que você está vivendo agora não represente necessariamente o final da história do seu casamento, pois Deus já está falando com ele, creia nisso. Deus usa servos em qualquer lugar para falar com seus filhos. Deus usa músicas, cartazes, plásticos nos vidros dos carros e tudo o que o Senhor quiser usar para falar ao coração do seu marido. Não tenha nenhuma dúvida. Deus está falando!!!

Mas a pergunta é: *Ele está ouvindo?*

Sendo assim, cabe a nós clamarmos, clamarmos e clamarmos para que o Senhor abra os seus ouvidos.

Há um texto em Coríntios que gostaria de ler com você.

Mas, como está escrito: Nem olhos viram, nem ouvidos ouviram, e nem jamais penetrou em coração humano, o que Deus tem preparado para aqueles que o amam.
I Coríntios 2:9

Pode ser que o seu relacionamento com o seu marido esteja doente, mas jamais permita que o seu relacionamento com Deus também adoeça, pelo contrário, alimente-o diariamente, mesmo em meio a esta tempestade em que você está, porque o que Deus tem para a sua vida e seus filhos, se você tem mantido comunhão com Ele e O tem adorado e louvado, não importando as circunstâncias, entenda o que vou lhe dizer, independe da presença ou não do seu marido.

Calma!!! Eu sei que pode parecer que não me importo com a sua dor. Não é verdade, me importo e muito, pois conheço o tamanho dela.

Mas só quem pode convencer o ser humano do seu pecado é o Espírito Santo e mesmo assim, não quer dizer que este mesmo homem venha a se arrepender, porque alguns têm o coração muito duro, e a decisão para o arrependimento é sempre do homem e não de Deus.

Quando disse que a bênção de Deus sobre a sua vida independe da presença física de seu marido, eu disse a verdade, porque a nossa vitória nunca esteve nas mãos de um marido, de uma esposa ou de qualquer outra pessoa. É um erro nosso depositar toda a nossa esperança e expectativa da vida nas mãos do nosso cônjuge.

Assim diz o SENHOR: Maldito o homem que confia no homem, e faz da carne mortal o seu braço, e aparta o seu coração do SENHOR.

> Porque será como a tamargueira no deserto, e não verá quando vem o bem; antes morará nos lugares secos do deserto, na terra salgada e inabitável.
> Jeremias 17:5,6

É dura esta palavra? Mas é a palavra de Deus para nós, nos ensinando, nos direcionando para não errarmos em nossas escolhas e nos ferirmos mais tarde.

Posso acreditar, se você me disser que o seu marido era maravilhoso com você, mas mesmo assim nem ele e nem ninguém nesta terra pode ser o seu chão.

Leia mais este texto.

> Bendito o homem que confia no SENHOR, e cuja confiança é o SENHOR.
> Porque será como a árvore plantada junto às águas, que estende as suas raízes para o ribeiro, e não receia quando vem o calor, mas a sua folha fica verde; e no ano de sequidão não se afadiga, nem deixa de dar fruto.
> Jeremias 17:7,8

A escolha sempre será nossa, de continuar a chorar e nos culpar, ou de levantar a cabeça, enxugar as lágrimas e buscar a vontade de Deus para nós.

Não estou querendo, com isso, dizer que essa história já acabou, mas sim que é você quem escreve a sua história. Pode ser que amanhã mesmo o seu marido venha a entrar pela porta da frente dizendo-se arrependido, pedindo perdão e desejando uma nova chance... Ou não.

Mas o que você irá fazer enquanto isso não acontece é uma escolha sua. Não é dele e de mais ninguém.

Porém gostaria de abordar esse tema por três pontos de vista distintos. É possível que você se enquadre em algum deles.

Ele foi embora ao amanhecer...

Quero falar com você, jovem esposa, casada há pouco tempo, um ano, dois ou talvez três anos e que foi abandonada por seu marido. Uma jovem bonita, inteligente, sem filhos e que não consegue entender o porquê de tudo isso.

O fato de ter desmembrado esse assunto em três pontos de vista, não quer dizer que estou mensurando o nível de dor de cada um. Mas sinto que em cada situação que abordo aqui existe uma realidade diferente da outra.

Uma jovem recém casada e que experimenta a dissolução do lar tão precocemente, nesse momento está submersa em um profundo mar de sentimentos.

Sei que um dos pensamentos que lhe vem à mente é que, se aconteceu o que aconteceu, provavelmente a culpa é sua.

Infelizmente não é incomum que alguns homens, quando decidem ir embora, humilhem suas esposas tentando lançar-lhes um peso de culpa para que eles "saiam bem" da história. Conheço a história de algumas mulheres, cujos maridos se envolveram com outra mulher e antes de sair de casa disseram para suas esposas que elas eram frígidas na cama, que falavam demais, ou de menos, que eram gordas, ou magras, que não sabiam se arrumar como deviam, que não sabiam cozinhar direito, que eram ignorantes e muitas outras coisas extremamente cruéis.

Claro que o seu objetivo era sair "por cima", deixando para trás uma mulher emocionalmente destruída e culpada.

Não conheço os detalhes da sua história e nem tão pouco sei se você ouviu algo semelhante do seu marido, mas, independente do que você possa ter ouvido, é importantíssimo que você tenha a consciência de que nenhum erro justifica outro. Se o seu marido tomou a decisão que tomou, o fraco nesta história é ele e não você, pois se havia algum tipo de desequilíbrio entre vocês, fosse na que área fosse: sexual, emocional ou intelectual, ele deveria ter investido tempo em longos diálogos, em namoros mais intensos e uma busca, até mesmo, de ajuda profissional ou pastoral para que o casamento voltasse a ter equilibro. Afinal de contas isso é o casamento. Uma série de atitudes para manter equilibrado um relacionamento de duas pessoas completamente diferentes.

Você pode tentar encontrar em você alguma falha que contribuiu para esse desenlace e lhe garanto que você achará muitas, mas, se ele fizer o mesmo, o que ele encontrará não será diferente.

O problema é que muitas vezes não estamos dispostos a trabalhar em nós aquilo que necessita de mudança, e é muito mais fácil culpar o outro e, tomar outro rumo é cômodo.

Perdoe-me se minhas palavras podem parecer frias e insensíveis, mas a minha intenção neste momento é poder ajudar você a se levantar e prosseguir caminhando, ainda que, para continuar orando pelo retorno dele.

Saiba, amada jovem, que não é errado e nem tão pouco pecado orar e pedir a Deus pelo retorno do marido que se foi. Se você tem fé, então é isso que você deve fazer. Mas é igualmente importante que você não aceite as mentiras do diabo em sua mente, que tenta responsabilizá-la por tudo o que aconteceu, no intuito de mantê-la dentro de uma caverna pelo resto da vida.

A Bíblia diz em Eclesiastes 3 que há tempo para todas as coisas e um verso em especial diz o seguinte:

Tempo de chorar, e tempo de rir; tempo de prantear, e tempo de saltar de alegria;
Eclesiastes 3:4

Você tem o direito de chorar a sua perda, mas perceba que há um tempo para isso e este tempo não deve ser prorrogado, ele não pode ser estendido. Repare que no texto o que vem em primeiro lugar é que há um tempo de chorar, mas logo depois o texto afirma que também há um tempo de rir.

É muito importante identificarmos isso em nós, porque senão viveremos o resto de nossa vida como se estivéssemos de luto.

Porque a sua ira dura só um momento; no seu favor está a vida. O choro pode durar uma noite, mas a alegria vem pela manhã.
(grifo do autor) Salmos 30:5

Não permita que esta noite dure mais que o necessário, pois a alegria virá pela manhã, mas se você não deixar o sol se levantar em sua vida, quando virá a alegria?

Deus tem uma visão para a sua vida, por isso, não desista dela, nem do seu casamento, nem tão pouco do seu marido, mas se ao final de tudo ele ainda insistir em não voltar, porque infelizmente esta é uma possibilidade, é vital que você não desista de você mesma e que também não desista da visão de Deus para a sua vida.

Levante a sua cabeça, enxugue suas lágrimas e prossiga adiante filha. Sei que neste momento você pode ter dificuldade em enxergar o que está por vir, mas saiba que, em nenhum momento, o Senhor Deus a deixou sozinha. E nem tão pouco pensou em desistir de você. Portanto, o próximo passo em sua vida é um só, **continuar a viver!!!**

Não duvide amada, a visão de Deus irá se cumprir em sua vida, principalmente se você permitir que Ele o faça.

Eu torço e oro por você.

Porque a visão é ainda para o tempo determinado, mas se apressa para o fim, e não falhará; se tardar, espera-o, porque certamente virá, não tardará.
Habacuque 2:3

Deus a abençoe!

Ele foi embora ao entardecer...

Mulher, perto dos quarenta anos, casada há no mínimo vinte anos, dois ou três filhos, adolescentes, revoltados, difíceis e a partir de agora... Sozinha.

É este o seu perfil? Será que descrevi você? Se a sua resposta for sim, então eu preciso lhe dizer que, sinceramente, eu lamento.

Esta é outra fase da vida onde as lutas são intensas. Filhos na escola ou em cursos preparatórios para uma faculdade, a vida a uma velocidade alucinante. Cuidados com a casa, trabalho, filhos, marido e pouco tempo para cuidar de si mesma.

A velocidade é tanta que muitas vezes não dá para perceber o surgimento de algumas coisas no casamento, que denunciam que algo está errado, que algo não vai bem.

Na verdade esta é a história na maior parte dos lares do nosso país. É um tempo em que a rotina domina uma casa e às vezes, um casamento.

O que se pode fazer de diferente durante os dias da semana, a não ser, levantar, lavar o rosto, se arrumar, preparar o café da manhã para todos, beijar os filhos, que estão indo para seus estudos, dar um selinho no marido e cada um ir para o seu trabalho?

> *"Pastor, o Senhor não entende, não havia tempo para mais nada, tinha de ser assim, tínhamos de seguir essa rotina, só assim as coisas andavam, só assim!!!"*

Será? Sabe o que acontece com alguém que sofre um enfarte forte e sobrevive? O médico diz para ele que é preciso mudar toda a rotina se não quiser morrer. Tudo *tem* de ser mudado. A comida, muitas vezes o trabalho, os hábitos. O médico informa que a partir de agora serão necessário exercícios físicos moderados, caminhar todos os dias e etc.

E sabe o que o doente faz? Muda tudo. Por quê? Simplesmente porque ele quer continuar a viver.

Se não pararmos para cuidar da vida, a vida para com a gente.

Infelizmente essa é uma das ferramentas que a vida usa para chamar a sua atenção. A saída repentina do homem com

quem você se casou e de quem jamais esperava tal atitude, por estar muito ocupada cuidando de tudo que vocês construíram juntos.
Não, não é culpa sua. Na verdade foi um descuido dos dois. Quando casamos recebemos em nós mesmos o encargo de construir um lar. O homem entende que é dele a responsabilidade de prover o sustento material para dentro de casa e a mulher, por sua vez, entende que tem de ser a administradora de tudo, trabalhando ou não.
A Bíblia diz de uma forma bem simples e direta:

SE o SENHOR não edificar a casa, em vão trabalham os que a edificam; se o SENHOR não guardar a cidade, em vão vigia a sentinela.
Salmos 127:1

Construir um lar não é coisa para amadores como nós, mas para um profissional como Deus. Nós somos os operários que devem fazer aquilo que O Arquiteto mandar.

E, se alguém prevalecer contra um, os dois lhe resistirão; e o cordão de três dobras não se quebra tão depressa.
Eclesiastes 4:12

Se eu e minha esposa, simbolicamente, somos as duas dobras de um cordão, quem será a terceira? Claro que é o Senhor Deus.
Toda essa abertura que fiz, foi para dizer que nesta nova etapa da vida, se faz necessário um novo começo também.
Diante de você, minha amada, foi colocada uma caneta e uma folha em branco, que você poderá amassar e jogar fora se quiser, ou então poderá começar a escrever uma nova história. Não estou me referindo a encontrar outro homem e começar a namorar, não, não é disso que estou falando, mas de uma nova história que seja inspirada, em primeiro lugar, na palavra de Deus e que, por incrível que pareça, pode até ser vivida com

o seu próprio marido, porém, se ele voltar, com certeza vocês terão de escrever algo novo, pois a história velha foi destruída e nada mais pode se aproveitar dela.

Ser pega de surpresa como você foi, com certeza não é nada fácil, mas ainda não é o fim e Deus vai lhe mostrar isso.

Como disse no outro tópico, você tem todo o direito de chorar e na verdade você precisa disso. Mas também preciso te estimular e incentivar a prosseguir, ainda que as lágrimas insistam em cair.

Nenhuma mulher está preparada para uma separação, ainda mais na idade em que você está. É um choque muito grande, a decepção, maior ainda e a violência emocional, então, é imensurável.

Conheço uma mulher a quem irei chamar de Lourdes (este não é o seu nome verdadeiro), que foi abandonada pelo seu marido, a quem chamarei de João (este não é o seu nome verdadeiro), quando tinha aproximadamente 38 anos e na ocasião tinham, "apenas", cinco filhos. Lourdes é uma serva de Deus e acreditava piamente que Deus traria o seu marido de volta. Claro que ela chorou e sofreu muito, mas depois de derramar todas as lágrimas que tinha direito, ela fez uma escolha. Lourdes decidiu **orar** pelo retorno de João, que nesta altura já estava morando com outra pessoa em outro estado.

Quais eram as probabilidades dessa mulher ter as suas orações atendidas? O seu marido prosperava financeiramente onde estava e em nenhum momento sequer cogitava a hipótese de mudar a sua história outra vez, principalmente se fosse para retomar uma história passada e que, para ele, já estava encerrada.

Pois bem... sabe quanto tempo Lourdes orou e aguardou no Senhor pela resposta? 24 anos. Você pode estar pensando que isso foi um absurdo e que jamais esperaria tanto tempo por uma resposta de Deus em sua vida. Bom... em primeiro lugar, eu quero sugerir que você leia o meu livro intitulado: **"Quando Deus diz: ESPERE"** para entender um pouco mais sobre o mistério do..." *Esperar em Deus*", em segundo lugar, pode ser que para você seja um absurdo, mas este foi o plano que Deus traçou para esta família.

Enquanto Lourdes orava aqui, Deus operava lá, na vida do João. Deus não permitiu que faltasse qualquer coisa para ela e seus filhos, abriu a porta de dois trabalhos para essa irmã e, além disso tudo, lhe deu um renovo em suas forças humanas para que conseguisse passar por este vale.

Hoje, seus filhos estão casados e o João está ao seu lado servindo ao Senhor como nunca. Sim, ele voltou, e de uma forma definitiva e poderosa por parte de Deus.

Eu seria um hipócrita se lhe dissesse que creio firmemente que o seu marido irá voltar. Na verdade não conheço a história de vocês e não poderia afirmar tal coisa, mas uma coisa eu posso dizer sem medo de errar. Escute bem;

"Se você orar, Deus irá falar com ele das mais diversas maneiras, esteja ele onde estiver."

Mas não podemos esquecer que a decisão final é dele e não de Deus. O homem do exemplo que citei, o João, precisou de 24 anos para se arrepender, após ouvir a voz de Deus, e decidir voltar. Como eu disse, cada caso é um caso.

Conheço outro caso em que o marido não se arrependeu ainda e a esposa, com as três filhas pequenas, ainda está só.

Por outro lado, o seu coração pode estar tão ferido e magoado que o seu desejo hoje é que ele não volte nunca mais. Como eu disse, cada caso é um caso.

Mas seja qual for a sua situação, de uma coisa você não pode fugir. De responder a uma pergunta;
"O que você fará da sua vida daqui para adiante?"

Tenho certeza que muitas das suas *"amigas"*, já deram várias sugestões.

- O que você precisa é de um bom banho de loja.
- Querida, você não acha que já está na hora de arrumar outro homem e de preferência rico?
- Vai pra uma academia e queime toda essa energia negativa lá.
- Olhe para você, você ainda é um mulherão!!! Com certeza tem uma penca de homens doidos para saírem com você. Coloque uma saia bem curta, uma blusa apertada e decotada e vai à luta minha filha!!!
- O melhor a fazer, nesta hora, é enfiar a cara no trabalho e não pensar em mais nada.
- Seus filhos já são grandinhos, está na hora de você cuidar de você mesma!!!

E ainda é possível que você tenha recebido outras sugestões que eu não listei aqui. E só o Senhor sabe em que níveis eram as tais sugestões. Deixa para lá.

Na verdade todo mundo tem solução para os problemas dos outros, só não tem para o seu próprio.

Não é minha proposta lhe dar uma fórmula mágica que faça com que você venha a parar de sofrer e que acerte tudo com um simples "plim, plim", como se fosse uma varinha mágica. Não, minha amada leitora. O meu desejo sincero é, em primeiro lugar, compartilhar da sua dor, em segundo, lhe dizer que o que aconteceu não representa o fim da sua vida como mulher, como mãe, como esposa e como profissional. Não, creia, ainda não é o fim. Na verdade, só existe um fim, que chega quando os nossos olhos se fecham para nunca mais se abrirem.

Deus não pegou a folha em que a sua história está sendo escrita e ao saber da separação de vocês, disse ao anjo Gabriel:

"É Gabriel... eles não conseguiram, jogue fora esta folha e me dê outra, de outro casal, porque eles, pelo que vejo, não vão dar em nada!!!"

A grande bênção, para nós, é saber que Deus nunca desiste de nós.

A sua história não foi interrompida e nem Deus deixou de olhar para você. Sabe como eu vejo esta situação que você vive hoje? Alguém resolveu sair da sua história para tentar viver uma história à parte, mas os planos de Deus para você não foram alterados em nada. Deus não jogou fora a folha em que ele estava escrevendo a história da sua vida. Talvez seja necessário que Ele mude um pouco o roteiro, talvez tenha que acrescentar novos personagens, novos caminhos, abrir novas portas, fechar outras, mas de qualquer forma, o final dela já está escrito e se você permanecer firme em sua comunhão com o Pai, o seu final será incomparável.

*Porque eu bem sei os pensamentos que tenho a vosso respeito, diz o SENHOR; pensamentos de paz, e não de mal, **para vos dar o fim que esperais**.*
(grifo do autor) Jeremias 29:11

Tenho certeza de que sua vida não tem sido fácil. De repente tudo ficou mais difícil e dentro de você há uma voz constante dizendo "eu não posso". Olhe, ao contrário do que essa voz diz, você pode muito. O apóstolo Paulo experimentou muitas coisas em sua vida.

Não digo isto como por necessidade, porque já aprendi a contentar-me com o que tenho
Sei estar abatido, e sei também ter abundância; em toda a maneira, e em todas as coisas estou instruído, tanto a ter fartura, como a ter fome; tanto a ter abundância, como a padecer necessidade,
Posso todas as coisas em Cristo que me fortalece
(grifo do autor) Filipenses 4:11-13

Em Cristo você pode todas as coisas e este vale, que hoje você está atravessando, tem um fim. O seu objetivo não é chegar ao outro lado do vale, mas sim, continuar caminhando dia, após dia, até que o Senhor lhe dê a vitória completa, e esse dia minha amada, chegará com certeza.

Prossiga mulher de Deus, sem desanimar, porque o Senhor é contigo, e conte com a intercessão deste irmão em Cristo, que tem por certo a vitória de Deus em sua vida.

Deus lhe abençoe.

Ele foi embora ao anoitecer...

Com certeza, este é um desafio gigantesco para mim. O que eu posso dizer a uma mulher com a idade de mais ou menos sessenta ou setenta anos e que está experimentando algo que, em toda a sua vida matrimonial, jamais esperou que viesse a acontecer?

Sua situação, não menosprezando a dor das duas primeiras, é extremamente delicada.

Uma senhora, cujos filhos já estão casados há muitos anos, que está acostumada a ver os seus netos entrarem em sua cozinha pedindo-lhe para fazer aquele bolo de que gostam tanto e que, em todas as tardes, sentava-se ao lado do seu marido para juntos fazerem um lanchinho, de repente se vê, em sua casa, completamente só.

Sei que a esta altura da vida, a senhora não contava com esta desagradável surpresa e que o que talvez doa mais em seu coração, já tão marcado pela vida, não seja tanto a solidão, que por si só já é dolorosa, mas a decepção com a atitude de seu marido após tantos anos juntos.

É muito fácil, para alguns, dar uns tapinhas nas nossas costas e dizer: *"Não chora não! Isso passa! Brinque com os seus netinhos que você nem vai perceber a ausência dele!"*

Eu sei que não é tão simples assim. Não bastando todos os móveis dentro de casa para fazê-la lembrar, muito maior ainda são as lembranças do seu coração, as quais não podem ser apagadas jamais.

Como é difícil dizer-lhe algo que não seja tão fútil neste momento. Sinceramente, a minha vontade agora era poder estar ao seu lado e apenas lhe dar um gostoso e demorado abraço, e isto, sem dizer uma palavra sequer.

Em alguns momentos em nossas vidas o silêncio é o instrumento mais poderoso e confortador que temos.

Portanto, gostaria que neste momento, enquanto lê estas linhas, você se sentisse abraçada de uma forma muito carinhosa por este humilde servo de Deus que deseja muito lhe abençoar. Apesar de não conhecê-la ou de, até mesmo, a sua residência ser do outro lado do país, se for o caso, sinto-me como se estivesse ao seu lado dizendo-lhe estas palavras.

Quero fazer uma observação aqui. Pode ser que a sua perda não tenha se dado pela questão que trato neste capítulo, ou seja, o adultério, mas tão somente pelo fato de Deus o ter levado à sua presença. De qualquer forma, receba estas palavras que a partir de agora escrevo para abençoar a sua vida.

Posso imaginar que o sentimento que invade a maioria das mulheres que perdem seus maridos, seja de uma forma ou de outra, é o sentimento de que o fim chegou. A vida, de repente, perde todo o sentido e significado. A mulher passa a ter uma grande dificuldade de olhar para o futuro com alguma esperança de que algo novo virá. Na verdade, para muitas, nem existe mais futuro.

Como eu disse antes, o sentimento que prevalece de forma muito intensa é de que, com a partida dele, já está na hora de eu ir também. Não há mais razão para viver, não há mais o que fazer aqui.

"Oh! Senhor! Leva a minha vida, pois não há mais motivos para eu estar neste mundo!!!"

Será que você já fez uma oração como esta? Quantas vezes você clamou a Deus para que pusesse um fim à sua existência? Desculpe-me pelo que vou lhe dizer agora, mas é para o seu bem, é para o seu levantar.

Se você fez uma oração como essa que citei, isso é fruto de egoísmo. Calma!!! Vou explicar o que quero dizer com isso. Eu entendo perfeitamente a dimensão da sua dor com o que aconteceu, e, agora, quando você se vê sozinha numa casa, sem trabalho, sem filhos, sem a companhia daquele a quem você amou por muitos anos e intensamente, a sua alma não vê mais razão para continuar, a sua alma não vê mais utilidade para a sua vida, mas como eu disse, isso é um sentimento egoísta, porque apesar de você achar que não há mais sentido para a sua vida entre nós, é exatamente o contrário que ocorre.

A sua vida é de grande sentido para todos os que estão ao seu redor.

Sei que a sua dor lhe impede de enxergar isto, mas todos que estão ao seu lado e que também estão sentindo a mesma dor pela perda sofrida, aguardam pela sua reação, pelo seu levantar. Por quê? Porque você é referência para eles, você é a expressão da experiência e da sabedoria. Suas palavras podem trazer respostas para a vida, que alguns deles levariam anos para alcançá-las. Sim... A sua vida tem muito sentido sim, e mais do que isso, o tempo da sua partida está definido pelo nosso Deus, e, se Ele ainda não a levou, é porque a sua missão também ainda não terminou.

Se o seu marido a deixou neste estágio da vida por ter se envolvido com outra pessoa, lamento por ele, porque regrediu em seus valores, teve, como diz a palavra de Deus, sua mente cauterizada pelo inimigo e não percebeu a armadilha que lhe foi preparada. Você e ninguém mais podem escolher por ele. Ele fez a sua escolha, mas você, também, não precisa encerrar e enterrar a sua vida por causa da escolha que ele fez.

Quero exemplificar o que estou dizendo contando a história de uma mulher que marcou a muitos com a sua vida e talento e isso, aos oitenta anos. Mãe de sete filhos, treze netos e quatro bisnetos.

"Depois que Susan Boyle, que tem 49 anos, conseguiu fama e alcançou o estrelato por participar do programa inglês Britain's Got Talent, outras mulheres com mais de 40 ganharam coragem e estão se inscrevendo em realitys do gênero. Foi o que a também inglesa Janey Cutler Fez. Aos 80 anos, ela decidiu se dedicar ao que mais gosta de fazer: cantar. E ela decidiu se lançar em carreira musical através do mesmo programa que lançou Boyle.

A simpática senhora surpreendeu o público da atração ao cantar No Regrets, versão para Je ne Regrett Rien, sucesso de Edith Piaf. Com uma voz bastante poderosa, ela conseguiu a aprovação dos jurados e passou para a próxima fase do programa."

Se você tiver acesso à internet ou alguém ligado a você o tiver, peça para acessar este link que coloquei abaixo e você verá com os seus próprios olhos o que é possível fazer quando se acredita que o fim ainda não chegou.

Escolhi um link legendado para que você possa entender e saber tudo o que foi dito por aquela senhora vencedora.

Na verdade, se for possível ver este vídeo agora, faça isso. Pare de ler por um momento e assista ao vídeo. Com certeza irá lhe emocionar e lhe encorajar a prosseguir. Entre no site do Youtube (http://www.youtube.com), e procure por **Janey Cutler legendado**.

Se, por acaso, você não souber como fazê-lo, peça a um filho ou um neto para fazê-lo pra você.

Assistiu? Espero que sim. Se você não tem como assistir, então eu quero lhe dar uma descrição do que há neste vídeo.

Uma senhora de oitenta anos se inscreve em um programa de calouros na Inglaterra para cantar. Ao entrar naquele enorme palco, diante de um auditório de 3.000 pessoas, a reação das pessoas foi de descrença. A fisionomia dos jurados era de total dúvida do que iriam assistir e receber de uma senhora tão idosa, ainda que alegre e extrovertida.

Ao iniciar a música todos estavam ansiosos para saber o que aconteceria, mas quando Janey Cutler abriu a boca e começou a cantar, sua voz encheu todo o ambiente e o que se ouviu a seguir foram os gritos de um auditório completamente extasiado pela sua maravilhosa voz, que a despeito da idade avançada, ainda tinha potência e fôlego suficientes para cantar com intensa interpretação e sentimento. Ao final da canção, todos estavam de pé, inclusive os jurados, aplaudindo incansavelmente a uma mulher que surpreendeu a todos pela sua vida, entusiasmo e talento.

É impressionante a alegria, segurança e determinação daquela senhora ao se apresentar diante de um auditório daqueles, num gigantesco palco e sozinha.

Mas há algo que me impressionou muito. Foi a resposta que ela deu a um dos jurados quando este lhe perguntou por quanto tempo ela havia esperado por aquele momento.

Ela disse:

"Só estou agradecida de poder estar aqui esta noite"

O que percebi com esta resposta é que, para ela, o importante era viver um dia de cada vez e vivê-lo com toda a intensidade possível e fazendo apenas aquilo que gostava.

Sua vida estava recomeçando. Mais do que isto, ela estava iniciando uma nova etapa e tenho certeza de que, para ela, não importava saber quanto tempo esta nova etapa iria durar, mas sim, desfrutá-la intensamente a cada dia.

Sabe, amada? Eu vejo que na fase da vida em que você se encontra, cada dia deve ser como um recomeço.

Não... Não me esqueci da sua dor, mas ela será tratada pelo tempo, que é o único remédio eficaz para muitas dores que temos na vida. Mas quero lhe dar duas opções de escolha. Cabe a você optar por uma delas:

Ou você viverá o restante dos seus dias desfrutando da sua dor enquanto a vida vai embora, ou você viverá daqui para frente desfrutando da sua vida, enquanto a dor vai embora.

Em seu livro *"Mulher Única"*, no capítulo intitulado **Uma Mulher Madura**, Edwin Louis Cole diz:

As viúvas e os viúvos não precisam viver isolados e improdutivos. Muitos não param de viver quando o cônjuge morre; eles apenas começam uma nova etapa na vida. Quando o marido, David, faleceu, nossa amiga Arline sofreu muito. Ele permaneceu doente durante muitos anos, e passou seus últimos meses sendo consumido pela mal de Alzheimer em um hospital. Durante aqueles dias difíceis, ela supriu cada uma das necessidades dele. Quando David morreu, ela e sua família prantearam.

Após a morte dele, uma metamorfose se iniciou em Arline. Ela percebeu que sua vida não tinha acabado, que não tinha sido sepultada junto com o marido, e que Deus ainda não tinha acabado a Sua obra na vida dela. Assim, Arline se mudou, comprou novas roupas, mudou o penteado e começou a frequentar lugares onde nunca estivera e a fazer coisas que jamais fizera durante seus 49 anos de casamento. Hoje está desfrutando os anos que ainda lhe restam e fazendo cada momento valer a pena.

Acho que posso encerrar este capítulo dizendo a todas as mulheres que estão experimentando a dor da solidão, agravada ainda mais, se esta se deu pelo abandono do seu marido, que, sem dúvida nenhuma, vocês sofreram um impacto emocional muito grande, mas o amor de Deus, por vocês, é infinitamente maior do que qualquer impacto que possamos sofrer.

Amadas, levantem suas cabeças e olhem para o alto, pois será de lá que virá o vosso socorro.

Talvez você esteja, como diz o sábio Salomão, no tempo de prantear, mas não desanime, porque, como diz o mesmo Salomão, o tempo de saltar de alegria também chegará e certamente alcançará, também, a sua vida.

Deus a abençoe grandemente.

"ALGUMAS CONSIDERAÇÕES"

Concluir um livro que trata apenas de alguns temas relativos ao universo feminino, realmente, é impossível, por isso, ao invés de intitular este final como *"Conclusão"*, decidi nomeá-lo como *"Algumas Considerações"*.

Quantas são, ainda, as questões que as mulheres têm em relação ao seu casamento, ao seu marido e à possibilidade de viver um bom relacionamento? Sem dúvida muitas, centenas, até. Tentar abordá-las em um só livro, certamente é uma missão impossível. Mas vejo uma luz no fim do túnel quando encontro um coração disposto a caminhar algumas milhas a mais. Um coração disposto a renunciar algumas vezes, a ter paciência para ensinar, a aceitar o diferente sem tentar mudá-lo, a viver junto, olhando apenas para o alvo e não para as circunstâncias, e, principalmente, que submete o seu relacionamento à vontade de Deus.

Talvez você estivesse esperando que eu pudesse, nestas considerações, fornecer-lhe uma fórmula mágica que sintetizasse todas as estratégias para se ter um casamento sólido e abençoado.

Bem, talvez eu possa lhe dar esta fórmula. E pode ficar tranquila que não será em Provérbios 14;1 (*A mulher sábia, edifica a sua casa...*), mas algo, que entendo, ser o veio principal de um casamento.

SE o SENHOR não edificar a casa, em vão trabalham os que a edificam; se o SENHOR não guardar a cidade, em vão vigia a sentinela.
Salmos 127:1

Qual a sua conclusão após a leitura deste livro? O que você pode fazer para ajudar o seu marido a ser um homem melhor, uma pessoa melhor, um marido melhor?

Sei que o Espírito de Deus falou ao seu coração, se não em todo o conteúdo deste livro, possivelmente em parte dele.

Não importa como, mas eu gosto do que o apóstolo Paulo nos ensina, quando diz:

Examinai tudo. Retende o que é bom.
I Tessalonicenses 5:21

É isso o que importa, que você retenha o que de bom encontrou nestas páginas e, principalmente, aplique em sua vida e casamento.

Tenho certeza de que algo de novo e bom irá acontecer nesta nova jornada que, hoje, você começa a trilhar.

Não desista, não desanime, não entregue os pontos, pois a batalha ainda não acabou; pelo contrário, está só começando, e a grande vencedora, se permanecer em Cristo, só pode ser você.

Deus te abençoe nesta missão, que para muitas pode ser impossível, mas que para aquelas que escolhem caminhar debaixo do senhorio de Jesus, nunca será.

CAPÍTULO BÔNUS

O QUÊ??? COM CERTEZA NÃO!!! EU NÃO VOU FICAR PARA TITIA!!!

> Deus faz com que o solitário viva em família; liberta aqueles que estão presos em grilhões; mas os rebeldes habitam em terra seca.
>
> *(grifo do autor)* Salmos 68:6

Apesar de todas as brincadeiras e gozações que normalmente há em torno desta questão, eu sei que este é um assunto extremamente sério, principalmente, quando a pessoa visada é uma mulher.

A sociedade é muito cruel quando cria e impõe alguns padrões para se viver. Neste contexto, temos os padrões de beleza onde a mulher bela é a magra e aquela que é um pouco mais "cheinha" é discriminada. Temos, também, o padrão de sucesso, no qual o que tem mais dinheiro e bens é o bem-sucedido, não importa a que preço, e o que vive com o seu salário mensal é considerado uma pessoa mediana e não, necessariamente, uma pessoa de sucesso; ou seja, ele é apenas uma pessoa comum e isto está fora dos padrões aceitáveis, segundo entende essa mesma sociedade. E, dentro do que estamos falando, existe também o padrão segundo o qual a mulher que não se casa, *"fica para titia"*.

É bem verdade que, hoje, muitos conceitos acerca do verdadeiro casamento foram distorcidos e abandonados. Ensina-se que há muitos tipos de casamentos e eu, sinceramente, não irei abordar este assunto, até porque, é muito polêmico e não desejo que ninguém se sinta agredido por aquilo em que creio. Prefiro ficar com o que diz a palavra de Deus.

> *Não erreis: Deus não se deixa escarnecer; porque tudo o que o homem semear, isso também ceifará.*
>
> Gálatas 6:7

Este texto é simples e direto. Ele fala de escolhas que fazemos na vida e de suas consequências. Portanto, o que cada um escolhe para si é de sua própria responsabilidade, assim como os frutos dessas escolhas também o são.

Mas, retornando ao nosso assunto principal, conheço mulheres que são tristes e deprimidas porque aceitaram esse padrão mentiroso que o mundo prega.

Claro que ninguém gosta de estar só e esta é uma das provas da criação de Deus, pois foi o próprio Deus quem disse:

> **E disse o SENHOR Deus: Não é bom que o homem esteja só; far-lhe-ei uma ajudadora idônea para ele.**
>
> (grifo do autor) Gênesis 2:18

O homem sente, dentro de si, o mesmo que Deus sentiu ao vê-lo sozinho na terra, ou seja, desconforto, tristeza, solidão. Por isso sentimos a necessidade de ter alguém ao nosso lado. Somos seres sociais. Não fomos criados para viver sozinhos e isolados, ainda que alguns, nos dias de hoje, tenham feito esta opção.

Eu não quero e não irei te dizer coisas do tipo: *"Descansa no Senhor, irmã."*, ou, *"Esteja orando pelo seu varão."*, ou, *"Deus já tem o homem escolhido para você, é só esperar."*, ou qualquer coisa subjetiva assim.

É muito fácil dizer este tipo de coisa para quem está sozinha, se você está casada e já tem uma família. Sei o quanto dói estar só e ver casais passeando de mãos dadas na sua frente. Ver famílias brincando juntas na praia, passeando no shopping, ou indo a um cinema. Só quem já passou por isso sabe qual a extensão desta dor e eu já a experimentei por completo.

Sendo um cristão, jamais poderia pensar ou ensinar que depende apenas de mim a mudança desta história em minha vida.

Em meu livro "QUANDO DEUS DIZ: ESPERE" há uma infinidade de textos que nos estimulam a crer e esperar em Deus.

> "Entrega o teu caminho ao SENHOR; confia nele, e o mais ele fará".
> Salmos 37:5
> ESPEREI com paciência no SENHOR, e ele se inclinou para mim, e ouviu o meu clamor.
> Salmos 40:1
> "Não andeis ansiosos por coisa alguma; antes as vossas petições sejam em tudo conhecidas diante de Deus pela oração e súplica, com ação de graças".
> Filipenses 4:6
> "E será que antes que clamem eu responderei; estando eles ainda falando, eu os ouvirei".
> Isaías 65:24

Estes são apenas alguns dos textos que você pode encontrar nesse livro.

Quero então enfatizar que, sem Deus, não podemos conseguir absolutamente nada.

> João respondeu, e disse: O homem não pode receber coisa alguma, se não lhe for dada do céu.
> João 3:27

Só Deus pode operar milagres e agir de forma sobrenatural em nossas vidas. Só Ele pode trazer à existência aquilo que não existe ainda.

> "Ah! Entendi, pastor, então o que devo fazer é sentar no sofá da minha sala, orar e esperar até que o homem com quem irei casar bata na minha porta e diga: - Deus mandou que eu viesse aqui para casar com você!"

Calma!!! Não é isso que estou dizendo, até porque tenho certeza de que você já está "cheia" de ouvir palavras deste tipo, não é mesmo?

O que eu quero dizer é que, se Deus não participar deste processo em sua vida, dificilmente você será abençoada.

A fé não é um sentimento, uma emoção ou algo que nos faça entrar em "alfa", como pensam alguns. Para se ter fé não precisamos ficar arrepiados, ou mesmo ficar saltando como se tivéssemos a *"unção do canguru"*. Na verdade, a fé é algo que precisa ser praticada, ou seja, a fé é algo prático, é ação, não é passiva.

Assim também a fé, se não tiver as obras, é morta em si mesma.

Mas dirá alguém: Tu tens a fé, e eu tenho as obras; mostra-me a tua fé sem as tuas obras, e eu te mostrarei a minha fé pelas minhas obras.
Tiago 2:17-18

Temos o mau hábito de jogar nas costas de Deus a responsabilidade de suprir tudo que necessitamos em nossas vidas, até aquelas coisas que, na verdade, dependem de nós e não Dele.

Ora, como eu posso conhecer aquela que será a minha esposa se ficar dentro de casa só orando e esperando? De forma nenhuma estou anulando o poder da fé, mas lembre-se de que ao cego Bartimeu Jesus curou imediatamente, porém, ao outro, fez lodo com a própria saliva e disse-lhe para que se lavasse no tanque de Siloé. Fé ativa, fé operante, fé que impulsiona a mover-nos.

Também preciso deixar claro que não estou fazendo apologia a que você corra atrás de todos os homens por aí, de jeito nenhum. Mas, é importante olharmos para essa situação de forma coerente e sóbria. Por que você deveria ficar em casa, abatida, deprimida e aceitando uma realidade que não é a vontade de Deus para a sua vida?

Eu entendo que é importante que você esteja onde as pessoas estão. É importante fazer amizades, travar relacionamentos, conhecer pessoas e relacionar-se com elas.

Alguns defendem que Deus separou apenas uma pessoa em toda a terra para ser o nosso marido ou a nossa esposa. Desculpe-me, mas não posso concordar com isso, até porque a Bíblia não tem um verso que confirme isto.

O que eu creio é que no mundo há um número enorme de mulheres, as quais poderiam, perfeitamente, me fazer feliz, se eu me casasse com qualquer uma delas e vice-versa.

Sendo assim, as possibilidades de você encontrar alguém que possa te fazer feliz aumentam consideravelmente, não acha?

Mas isso não é e nem precisa ser um jogo de caça ao rato, ou, no seu caso, ao homem. É importante que em todo o tempo você creia e saiba que Deus está no controle. Não estou dizendo que você tem de ir a uma festa e lá, determinar e escolher que aquele rapaz loiro, ou aquele rapaz moreno, ou talvez aquele alto, ou aquele baixo, seja o homem que Deus separou pra você.

Eu, particularmente, não sou defensor da doutrina da predestinação, onde se crê que tudo está predestinado por Deus para nós, mas gosto de pensar que o nosso Deus é Onisciente, portanto, sabedor de todas as coisas.

Há um texto na palavra de Deus que traz muita paz em minha vida.

E sabemos que todas as coisas contribuem juntamente para o bem daqueles que amam a Deus, daqueles que são chamados segundo o seu propósito.
Romanos 8:28

Deus pode se utilizar de cada acontecimento em nossas vidas para nos abençoar. Se você ama a Deus, então você é prioridade para Ele e Ele irá usar todas as coisas para o seu bem.

Estar em um encontro de pessoas, uma festa, um culto, um congresso, um casamento ou qualquer outro tipo de reunião lícita, pode ser o instrumento que Deus usará para lhe abençoar na área sentimental.

Deixe o Senhor conduzir a sua vida e o seu coração, mas não deixe de viver. Não entre na caverna para se esconder como se fosse um crime estar solteira.

Lembre-se: não é o mundo quem dita os padrões da sua vida, mas a palavra de Deus, e ela diz com todas as letras.

Se, pois, o Filho vos libertar, verdadeiramente sereis livres.
João 8:36

Sim, você é livre por que o Filho a libertou, mas saiba usar desta liberdade que o Senhor lhe dá. Use-a com sabedoria e moderação.

Mas aquele que considera, atentamente, na lei perfeita, lei da liberdade, e nela persevera, não sendo ouvinte negligente, mas operoso praticante, este será bem-aventurado no que realizar.
Tiago 1:25

Não, certamente você não *"ficará para titia"*, mas é importante associar a sua fé às suas obras. Tenho plena certeza de que o Senhor tem muitas opções para você, muitas possibilidades para que você seja abençoada, basta que você tome posse, pela fé, do que Deus preparou para a sua vida.

No início deste livro estão os meus contatos e, sinceramente, eu gostaria muito de saber que Deus lhe abençoou, trazendo ao seu encontro aquele que será o pai dos seus filhos.

Prossiga, amada, persevere e não desanime nunca, pois você está debaixo do amor de um Deus que nunca desistirá de você e que fará de tudo para lhe abençoar.

Agora eu posso dizer com traquilidade:
Espera no Senhor, mas vivendo a sua vida com a liberdade que Ele lhe deu.

Porque desde a antiguidade não se ouviu, nem com ouvidos se percebeu, nem com os olhos se viu um Deus além de ti que trabalha para aquele que nele espera.
Isaías 64:4

Obs. Não se esqueça de me mandar o convite do seu casamento.
Deus a abençoe.

INFORMAÇÕES SOBRE NOSSAS PUBLICAÇÕES
E ÚLTIMOS LANÇAMENTOS

Cadastre-se no site:

www.editoraagape.com.br

e receba mensalmente nosso boletim eletrônico.